田中ひろみ

四国遍路 別格二十霊場

空海伝説の地を旅する

西日本出版社

はじめに

私のスーパーヒーローの弘法大師・空海。この本では、親しみを込めて「空海」と呼ばせていただきたい。大阪府堺市で生まれ育った私は、子どもの頃から近くにある南海高野線の電車に乗って何度となく空海が開いた高野山に行き、空海は身近な存在であった。私の名前の「ひろみ」は、本当は漢字で「弘美」と書き、弘法大師の「弘」と同じ字というのも勝手にご縁を感じている。

空海が開いたという四国八十八ヶ所霊場とは別の番外霊場のうち、20のお寺が集まってできた「四国別格二十霊場」。今回その四国別格二十霊場から、光栄なことに弘法大師御誕生1250年「特別御朱印」の絵をご依頼いただき描かせていただいた。その際、絵を描くにあたって四国別格二十霊場を調べてみると、空海の伝説がたくさん残っていることを知った。

私は以前、空海が歩いた道を巡りたくて四国八十八ヶ所霊場を全部巡ったことがある。四国霊場を巡ることを「遍路」という。一般的に四国遍路をする際は、白衣を着て菅笠をかぶり金剛杖をついて巡るが、私もその姿で巡った。金剛杖は空海の分身であるとも言われ、金剛杖を持って巡拝することは空海と共に歩くことで「同行二人《どうぎょうににん》」と呼ぶ。

この言葉の通り、四国ではお遍路さんは空海と一緒に歩いていると考えられ、道中で出会う人たちがおもてなしをしてくれる「お接待」という風習が残る。私もミカンや飴をいただいたり、いろんな方に親切にしていただいたりした。（四国八十八ヶ所霊場を巡った時の詳しい話は、『ふらりおへんろ旅』（西日本出版社）という本に書いた）

四国八十八ヶ所霊場を巡っていると、「空海が橋の下で寝ているので、橋の上では杖をついてはいけない」「四国八十八ヶ所を逆回りに巡ると、空海に出会える」など、いろんな伝説を教えられた。そのさまざまな伝説の由来の地となったお寺が、四国別格二十霊場にはいくつもある。実際その伝説の地を巡りたくて、四国別格二十霊場を妹とともに車で巡ることにした。この本では、各寺にまつわる空海伝説をはじめ、寺伝や仏像の解説、見て欲しい史跡などをイラストを交えて書き、車でのアクセスもまとめている。ぜひ頭の中でイメージを膨らませながら読み進めてほしい。

目次

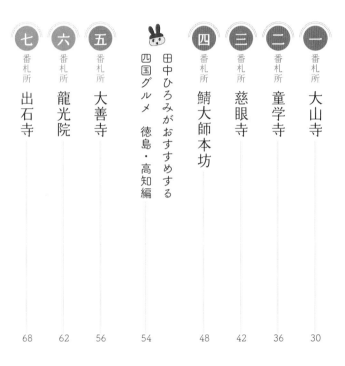

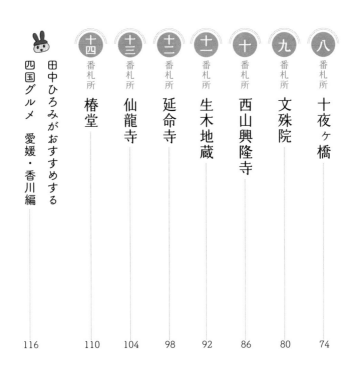

四国別格二十霊場とは

四国では弘法大師・空海のゆかりの地、88か所のお寺「四国八十八ヶ所霊場《しこくはちじゅうはちかしょれいじょう》」が有名だが、その他にもたくさんのゆかりの地があり番外霊場として人々に信仰されてきた。その番外霊場のうち20のお寺が集まって、昭和43（1968）年に霊場として創設されたものが「四国別格二十霊場《しこくべっかくにじゅうれいじょう》」だ。徳島県6札所、高知県1札所、愛媛県9札所、香川県4札所の全20札所。四国八十八ヶ所霊場に四国別格二十霊場を加えると88＋20で108。人間の百八煩悩《ぼんのう》と同じ数になり「煩悩を取り除く」とされ、両霊場を合わせて参拝するとよいとされる。

ちなみに巡り方は、四国八十八ヶ所霊場を先に巡り、後から四国別格二十霊場を巡ってもよいし、同時に巡ってもよいとされる。四国別格二十霊場だけだと、車ならだいたい4日間で巡ることができる。巡る順番も、札所の数字の順番でなくてもどのように巡ってもいい。

近年は自由な服装の巡拝者も増えているが、巡拝装束を揃える場合は、白衣、笠、杖、袈裟《けさ》等は四国八十八ヶ所霊場と同じで、納め札、納経帳、軸、朱印用の白衣は四国別格二十霊場用のものが必要だ。巡拝用品は一番札所の大山寺で全部揃えることができる。

巡拝の証に札所へ納める納め札という薄い小さな紙は、四国八十八ヶ所霊場では、巡拝回数によって色が変わる。しかし、四国別格二十霊場は、一般の人は白色だけ。経験を積んだ案内人を先達《せんだつ》といい、霊場会が公式に認定した公認先達は、経験年数などにより位が上って納め札の色も変わる。先達は黄、権中《ごんちゅう》先達は緑、中先達は赤、権《ごん》大《だい》先達は銀、大先達は金、特任先達は錦になる。

あと四国別格二十霊場では、各札所にて1個ずつ玉を授与している。20札所分集めて親玉をプラスすると、21個の玉で片手念珠（数珠）を作ることができる（いずれも有料）。種類は、男性用と女性用と紫檀《したん》製の3種類の他、つげ玉でできた腕輪念珠もある。

なお、霊場を全部巡ることを「結願《けちがん》（満願）」という。全部巡って「結願しました！」と自己申告すれば、どの札所でも2000円で「満願証（賞状タイプ）」を作ってもらうことが可能。結願後は、お礼参りとして和歌山県の高野山にある金剛峯寺と京都市にある東寺（教王護国寺《きょうおうごこくじ》）、もしくはどちらかに参拝し納経を行うとよいとされる。

四国別格二十霊場の地図

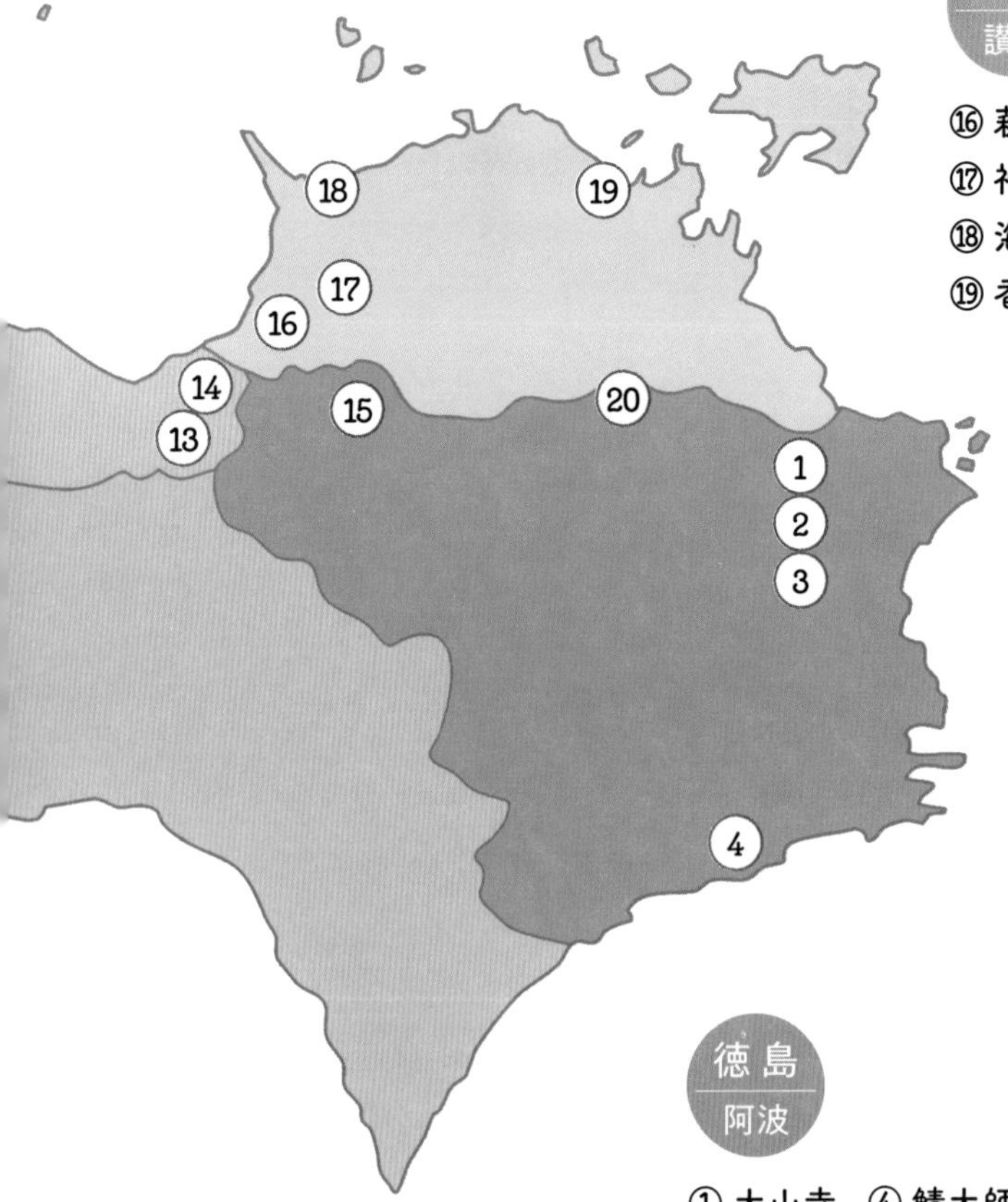

香川
讃岐

⑯ 萩原寺
⑰ 神野寺
⑱ 海岸寺
⑲ 香西寺

徳島
阿波

① 大山寺　④ 鯖大師本坊
② 童学寺　⑮ 箸蔵寺
③ 慈眼寺　⑳ 大瀧寺

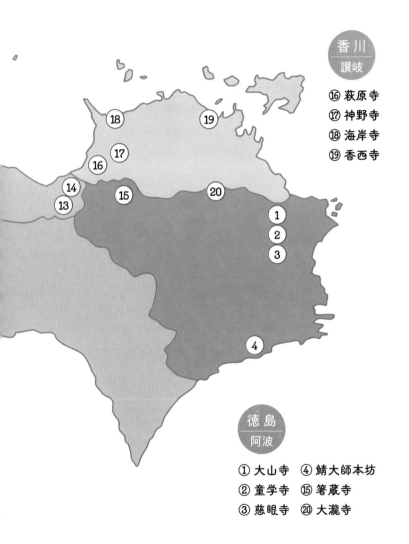

愛媛
伊予

⑥ 龍光院
⑦ 出石寺
⑧ 十夜ヶ橋
⑨ 文殊院
⑩ 西山興隆寺
⑪ 生木地蔵
⑫ 延命寺
⑬ 仙龍寺
⑭ 椿堂

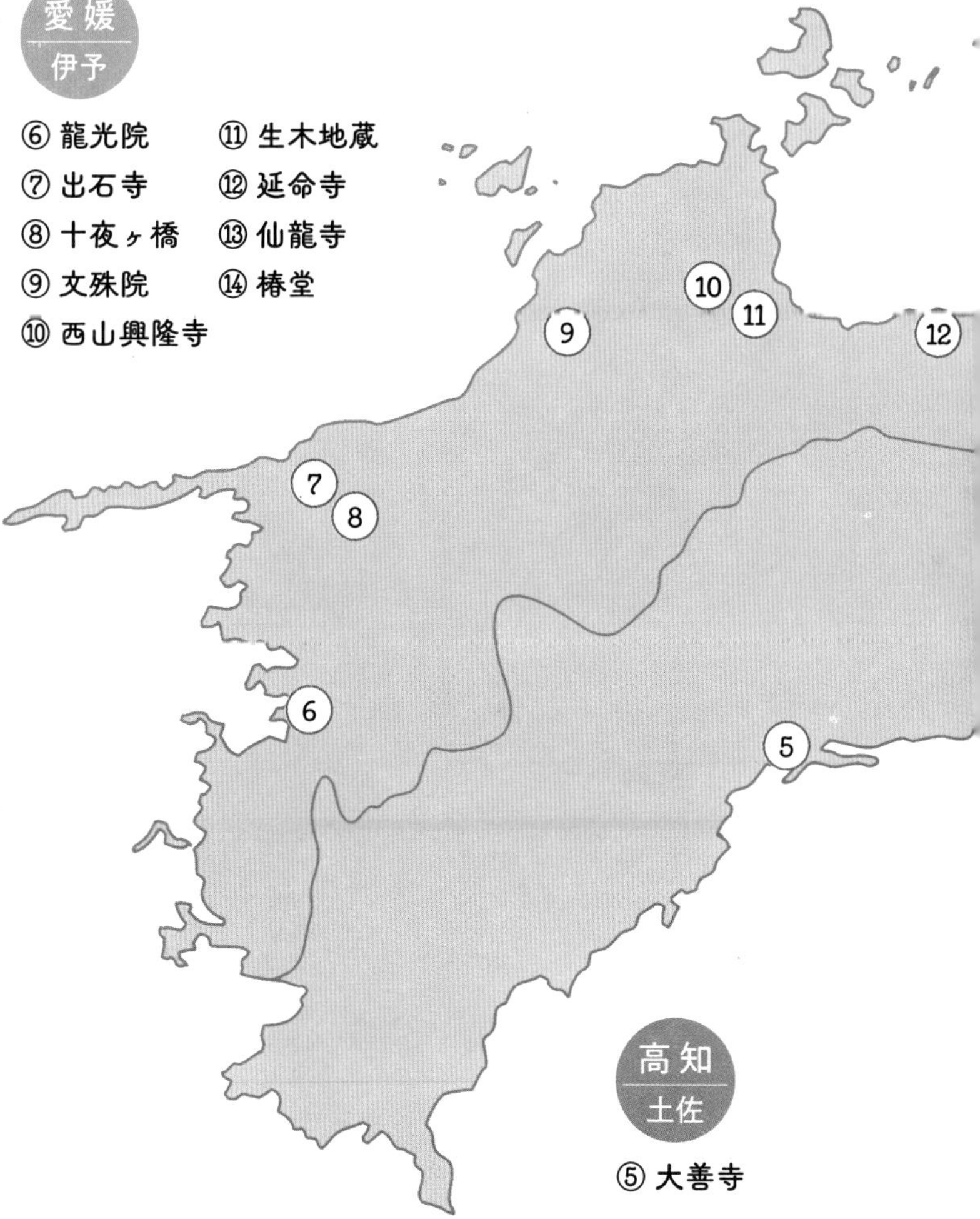

高知
土佐

⑤ 大善寺

1歳 宝亀5（774）年6月15日、香川県の屏風浦《びょうぶがうら》に父・佐伯直田公《さえきのあたいたぎみ》（善通）と母・玉依御前《たまよりごぜん》の間に誕生。幼名は真魚《まお》

5~6歳 泥をこねれば仏像をつくり、貴物《とおともの》と珍重される

7歳 捨身《しゃしん》ヶ嶽《がたけ》に登り「私は大きくなったら、世の中の困っている人々をお救いしたい。私にその力があるならば、命を長らえさせてください」と仏様に祈り、飛び降りた。すると天女が現われ、受け取められて助かった

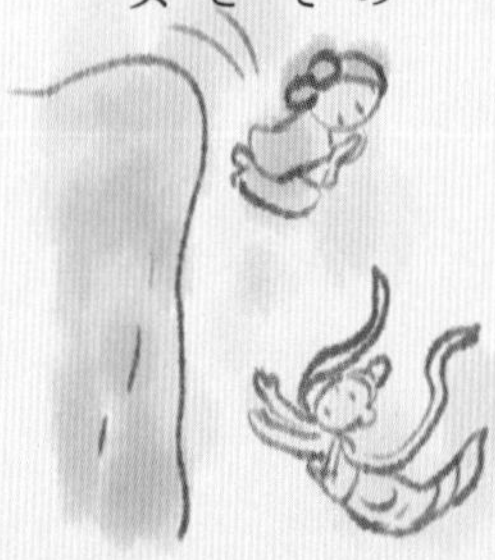

12歳 学問を学び始める

15歳 京の都で伯父の阿刀大足《あとのおおたり》のもと儒教の勉学を深める

18歳 京都府にある大学に入学する

19歳 大学を去る。ある僧侶から虚空蔵求聞持法《こくうぞうぐもんじほう》という密教の修法を学び、奈良県の大峰山や徳島県の大瀧嶽、高知県の室戸崎へ。室戸岬では、修行中に明星が口に入る。その際、目にしたのが空と海だった

20歳 大阪府の槇尾山寺《まきのおさんじ》にて、勤操大徳《ごんそうだいとく》を師として髪を剃り、僧侶となるための儀式を受ける

22歳 名を空海《くうかい》と改める。奈良県の久米寺で真言宗三部経の一つ『大日経』と出会い、唐（中国）へ行くと決心する

※年齢は数え年

24歳

著書『聾瞽指帰《ろうこしいき》』（後にタイトルを『三教指帰《さんごうしいき》』と改める）をまとめる。儒教・道教・仏教の三教の中で、仏教（密教）が最も優れているという出家宣言の書

31歳

留学僧として、最澄《さいちょう》らと遣唐使船に乗り唐へ渡る

唐の青龍寺で恵果和尚《けいかかしょう》から真言密教の教法を受け継ぎ、密教の第八祖となる

恵果和尚から大日如来の別名・遍照金剛《へんじょうこんごう》の名を授けられる

唐の皇帝の命で王義之《おうぎし》の書を修復。口と両手足で5本の筆を同時に操ったことから五《ご》筆和尚《ひつわじょう》という名を授けられる

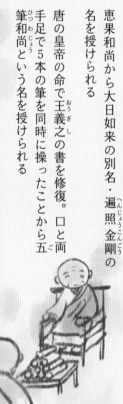

33歳

唐から帰る際、「密教を広げる場所を知らせよ」と言って法具の三鈷《さんこ》杵《しょ》を投げる。その後、三鈷杵が着地した和歌山県の高野山を開山

福岡県の博多に到着。持ち帰った密教経典や法具、仏像などの目録「御請来《ごしょうらい》目録《もくろく》」を朝廷に提出する。京都に入る許しが出ず観世音寺に留まる

36歳 京都府の高雄山寺へ

38歳 京都府にある乙訓寺《おとくにでら》の別当《べっとう》（寺務を総括した僧）になる

42歳 四国を巡り、四国八十八ヶ所の霊場が開く

43歳 和歌山県の高野山を嵯峨天皇から賜る

48歳 香川県にある日本最大の灌漑用のため池・満濃池《まんのういけ》の修復にとりかかる

50歳

嵯峨《さが》天皇より官寺だった東寺を託される

淳和《じゅんな》天皇の命令により神泉苑《しんせんえん》の畔で「雨乞い」の祈祷を行い、善女龍王《ぜんにょりゅうおう》を呼び出して雨を降らせた

55歳

貴族の子弟しか教育が受けられなかった時代に、民衆のために綜芸種智院《しゅげいしゅちいん》という学校を創立

62歳

1月8日から7日間、宮中で世の中が平和になるようにと後七日御修法《ごしちにちみしゅほう》を行う

3月21日、高野山の奥之院へ入定

（現在もこの場所で生きておられるとされる）

入定後86年経った時、醍醐天皇から弘法大師の名を贈られる

白衣《びゃくえ》

背中に「南無大師遍照金剛《なむだいしへんじょうこんごう》」「同行二人」と書かれている。白衣にご朱印を受けることもでき、その場合は道中衣（自分が着るもの）と判衣（ご朱印を受けるもの）の２着を用意する。

杖カバー

杖の上部の梵字《ぼんじ》の部分に直接手が触れると失礼なので、それを覆うためのカバー。他人の杖と間違えないための目印にもなる。

金剛杖《こんごうづえ》

道中使う杖で、空海の分身と言われる。上部は、四角に削られ、梵《ぼん》字《じ》で「空・風・火・水・地」の５文字が書かれている。

頭陀袋《ずたぶくろ》

修行時、納経帳や経本などお参りに必要な物を入れる。

経本《きょうほん》

お経が書かれた本。お経を奉納する際に必要。

持鈴《じれい》／鈴《すず》

音色が魔除けになる。自身の存在を周りに知らせる役目も。

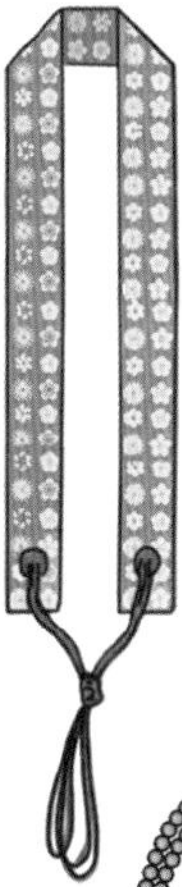

輪袈裟《わげさ》

仏教徒が身に着ける袈裟の一種で、首からかけるだけの略式のもの。

すげ笠

日光や風雨から頭部を守るもの。

笠には「同行二人」と「お大師様を表す梵字」、また「迷故三界城《めいこさんがいじょう》」「悟故十方空《ごこじっぽうくう》」「本来無東西《ほんらいむとうざい》」「何処有南北《かしょうなんぼく》」と書かれている。

基本的に、梵字が前になるように被る。お堂の中でもすげ笠は取らなくてよい。丸い形が、宇宙を象徴する大日如来を表しているともされる。

数珠《じゅず》／念珠《ねんじゅ》

首にかけず左手に持つ。

納経帳《のうきょうちょう》

各霊場でお経を唱えた（写経を奉納した）証としてご朱印をいただくための台帳。

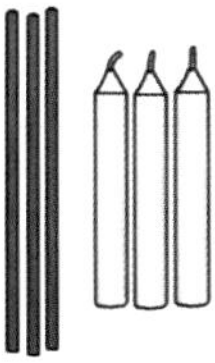

ローソク・線香

巡拝の際にお供えする。ローソクの灯りは仏様の智慧《ちえ》と慈悲、また線香は一直線に燃えて香りを広げることから精進の徳を表す。火を点けるライターも必要。

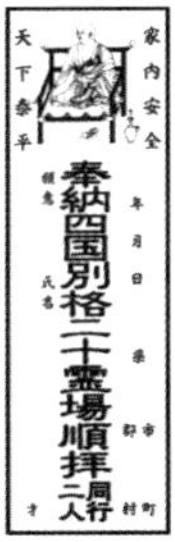

納札《おさめふだ》

各霊場をお参りした際、本堂、大師堂などにお参りの証として納める札。一般の巡拝者は白色のみ。

お遍路用語

札所《ふだしょ》…巡拝者が参拝し、札を納めるお寺。どこから巡り始めてもよいが、札所の番号順に巡るのが一般的。

打《う》つ…昔、巡拝者が参拝する際、お寺に木のお札を打ちつけたことに由来し、札所を巡拝することを「打つ」と言う。

順《じゅん》打《う》ち…時計回りに巡ること。

逆《ぎゃく》打《う》ち…反時計回りに巡ること。

通し打ち…二十霊場を一度に全て巡ること。

区切り打ち…区間を分けて巡ること。

結願《けちがん》／満願…霊場を全て巡ること。

お大師様《だいしさま》…弘法大師・空海のこと。

同行二人《どうぎょうににん》…いつも弘法大師が側にいて二人という意味。

先達《せんだつ》…何度も巡拝している達人のこと。

お接待《せったい》…地域の人々が巡拝者に食べ物や飲み物を無償で施すこと。お接待を受けたら、お礼に納め札を渡す。

山門《さんもん》…寺の門。仁王像が安置されている場合は仁王門ともいう。

本堂…本尊が安置され、寺の中心となるお堂。

大師堂《だいしどう》…弘法大師・空海を祀ったお堂。

宿坊《しゅくぼう》…お寺にある宿泊施設。

通夜堂《つやどう》…お寺が巡拝者を無料で素泊まりさせてくれる場所。

善根宿《ぜんこんやど》…巡拝者のために、個人や地域が用意する無料の宿。

納経所《のうきょうしょ》…御朱印をいただく場所。

重ね印（重ね判）…一度、納経朱印を受けた納経帳に2回目以後の巡拝で、重ねて朱印を受けること。2回目以降は朱印のみになる。

仏像の種類と位

仏像にはいろんな種類がありますが、おおまかに4種類に分けることができます。

	**如来《にょらい》** 悟りを開いたお姿。大日如来以外は基本的にシンプルで、ほとんどの仏像がパンチパーマのような螺髪《らほつ》や冠などの装着をしていない。
	**菩薩《ぼさつ》** 悟りを開くために修行中。あえて悟りを開かず、私たちと共にいてくださるとも言われる。王子だった頃の釈迦の姿で、冠やネックレスを身に着け、髪の毛を高く結い上げている（地蔵菩薩を除く）。馬頭観世音以外は、優しい顔立ちをしている。
	**明王《みょうおう》** 密教で考えだされた仏像で、大日如来の化身。言うことを聞かない人々を仏教に導くために、怖い顔をしている（孔雀明王以外）。武器と蛇などを持つ。
	**天《てん》** バラモン教やヒンズー教などインドの神様が仏教に取り入れられたお姿。仏の法を守る護法善神《ごほうぜんしん》で、女性や、顔が動物の像もある。

位が高い

その他、釈迦の弟子である羅漢《らかん》、弘法大師や高僧、仏教に大きな役割を果たした聖徳太子の像なども仏像に含まれる。

四国別格二十霊場のご本尊の種類

如来

薬師《やくし》如来

東方浄瑠璃浄土に住んでいて、病気を治して衣食住を満たしてくれる仏様。手に薬壺を持っているのが特徴。

菩薩

正《しょう》(聖)観世音菩薩《かんぜおんぼさつ》

変身する前の観音菩薩。顔が１つで、腕が２本。水瓶やハスの花を持つ。

十一面観世音菩薩

頭上に十一面の顔を載せて360度ぐるっと見渡し、すべての人を救済してくださる。

千手《せんじゅ》観世音菩薩

たくさんの手と道具で命あるものを全て救う、慈悲の心を現した菩薩。

弥勒《みろく》菩薩

釈迦如来が亡くなって56億7千万年後に如来になることが約束されている。

地蔵《じぞう》菩薩
延命《えんめい》地蔵菩薩
伽羅陀山火伏《からだせんひぶせ》地蔵菩薩

釈迦が亡くなってから弥勒菩薩が如来になるまでの無仏時代の人々を救う。

文殊《もんじゅ》菩薩

智慧をつかさどる菩薩。獅子に乗り、剣と巻物を持つ姿。

その他

弘法大師《こうぼうだいし》

真言宗の開祖。「空海」「お大師様」とも呼ばれる。

金毘羅大権現《こんぴらだいごんげん》

山岳信仰と修験道が融合した神仏習合の神。

西照大権現《にしでるだいごんげん》

弘法大師の遠祖である「天忍日命《あまのおしひのみこと》」の使いの者。

※仏像の名前は札所によって呼び名が違うため、それぞれ多少表記が異なります。

一

山門で合掌一礼する

「これからお参りさせていただきます」の気持ちを込めて行う

二

手水舎にて、口をすすぎ手を洗い身を清める

三

鐘楼《しょうろう》へ

参拝前に鐘を2回つく。鐘つき不可のお寺もあるので注意を参拝後につくのは「戻り鐘」といって縁起が悪いとされる

四

本堂にお参り

納め札、写経を納め、お賽銭《さいせん》を入れて、ローソク（1本）、お線香（3本）を供える。どの順番でもOK。ちなみに、3本のお線香は現在・過去・未来の仏様にお供えするという意味や、仏・法・僧を信じるという意味がある

それが済んだら、合掌し経本に従ってお経を唱える

五 大師堂に参る

本堂と同じ順序でお参りする

六 他のお堂も同様に参る

七 お参りが終わったら、納経所で御朱印を受ける

八 寺を出る時、山門にて合掌一礼する

参拝上の注意点

- 他のローソクの火からのもらい火は、他人の業をもらうので自分で点けること
- 後からお参りされる人のためにローソクは上の段から、お線香は中心から供える
- 本堂などでお経を読む時は、他の参拝者の邪魔にならないよう正面を避けて横に寄る
- トイレなど、不浄なところに入る場合は必ず袈裟を外す
- 橋の上では杖をつかない
- すげ笠以外の帽子を着用する場合は、参拝や納経所に行く際は脱ぐ
- 宿に着いたら、金剛杖の先を洗い清め、部屋の1番良い場所に置く

読経の順序

1　合掌礼拝

2　開経偈　かいきょうげ〈1回〉

無上甚深微妙法　むじょうじんじんみみょうほう
百千万劫難遭遇　ひゃくせんまんごうなんそうぐう
我今見聞得受持　がこんけんもんとくじゅじ
願解如来真実義　がんげにょらいしんじつぎ

3　懺悔文　さんげもん〈1回〉

我昔所造諸悪業　がしゃくしょぞうしょあくごう
皆由無始貪瞋癡　かいゆうむしとんじんち
従身語意之所生　じゅうしんごいししょしょう
一切我今皆懺悔　いっさいがこんかいさんげ

4　三帰　さんき〈3回〉

弟子某甲　でしむこう
盡未来際　じんみらいさい
帰依仏　きえぶつ
帰依法　きえほう
帰依僧　きえそう

5　三竟　さんきょう〈3回〉

弟子某甲　でしむこう
盡未来際　じんみらいさい
帰依仏竟　きえぶっきょう
帰依法竟　きえほうきょう
帰依僧竟　きえそうきょう

6　十善戒　じゅうぜんかい〈3回〉

弟子某甲　盡未来際　でしむこう　じんみらいさい
不殺生　ふせっしょう
不偸盗　ふちゅうとう
不邪淫　ふじゃいん
不妄語　ふもうご
不綺語　ふきご
不悪口　ふあっく
不両舌　ふりょうぜつ
不慳貪　ふけんどん
不瞋恚　ふしんに
不邪見　ふじゃけん

7　発菩提心真言　ほつぼだいしんしんごん〈3回〉

おん　ぼうじ　しった　ぼだはだやみ

8　三摩耶戒真言　さんまやかいしんごん〈3回〉

おん　さんまや　さとばん

9　般若心経　はんにゃしんぎょう〈1回〉

仏説摩訶般若波羅蜜多心経　ぶっせつまかはんにゃはらみたしんぎょう
観自在菩薩　かんじざいぼさ
行深般若波羅蜜多時　ぎょうじんはんにゃはらみたじ
照見五蘊皆空　しょうけんごうんかいくう
度一切苦厄　どいっさいくやく
舎利子　しゃりし
色不異空　しきふいくう
空不異色　くうふいしき
色即是空　しきそくぜくう
空即是色　くうそくぜしき
受想行識　じゅそうぎょうしき
亦復如是　やくぶにょぜ
舎利子　しゃりし
是諸法空相　ぜしょほうくうそう
不生不滅不垢不浄　ふしょうふめつふくふじょう
不増不減　ふぞうふげん
是故空中　ぜこくうちゅう
無色無受想行識　むしきむじゅそうぎょうしき
無眼耳鼻舌身意　むげんにびぜっしんに
無色声香味触法　むしきしょうこうみそくほう
無眼界乃至無意識界　むげんかいないしむいしきかい
無無明亦無無明尽　むむみょうやくむむみょうじん
乃至無老死　ないしむろうし
亦無老死尽　やくむろうしじん
無苦集滅道　むくしゅうめつどう
無智亦無得　むちやくむとく
以無所得故菩提薩埵　いむしょとくこぼだいさった
依般若波羅蜜多故　えはんにゃはらみったこ
心無罣礙　しんむけいげ
無罣礙故　むけいげこ
無有恐怖　むうくふ
遠離一切顛倒夢想　おんりいっさいてんどうむそう
究境涅槃　くぎょうねはん
三世諸仏　さんぜしょぶつ
依般若波羅蜜多故　えはんにゃはらみたこ
得阿辱多羅三貌三菩提　とくあのくたらさんみゃくさんぼだい
故知般若波羅蜜多　こちはんにゃはらみた
是大神呪　ぜだいじんしゅ
是大明呪　ぜだいみょうしゅ
是無上呪　ぜむじょうしゅ
是無等々呪　ぜむとうどうしゅ
能除一切苦　のうじょいっさいく
真実不虚　しんじつふこ

故説般若波羅蜜多呪　こせつはんにゃはらみたしゅ
即説呪曰　そくせつしゅうわつ
羯諦羯諦　ぎゃていぎゃてい
波羅羯諦　はらぎゃてい
波羅僧羯諦　はらそうぎゃてい
菩提薩婆訶　ぼじそわか
般若心経　はんにゃしんぎょう

10　本尊真言　ほんぞんしんごん

※各寺の御本尊の真言を唱える〈7回〉

[薬師如来の場合]　おん　ころころ　せんだりまとうぎ　そわか
[正（聖）観世音菩薩の場合]　おん　あろりきゃ　そわか
[千手観世音菩薩の場合]　おん　ばさらたらま　きりく
[十一面観世音菩薩の場合]　おん　まか　きゃろにきゃ　そわか
[弥勒菩薩の場合]　おん　まいたれいや　そわか
[文殊菩薩の場合]　おん　あらはしゃのう
[（延命）地蔵菩薩の場合]　おん　かかかび　さんまえい　そわか
[金毘羅大権現の場合]　おん　くびらや　そわか
[西照大権現の場合]　なむ　にしてる　だいごんげん
[弘法大師の場合]　なむ　だいし　へんじょうこんごう

11　光明真言　こうみょうしんごん〈3回〉

おん　あぼきゃ　べいろしゃのう　まかぼだら
まにはんどまじんばら　はらはりたや　うん

12　可能なら御詠歌を唱える

13　大師宝号　だいしほうごう〈7回〉

南無大師遍照金剛　なむだいしへんじょうこんごう

14　回向文　えこうもん〈1回〉

願《ねが》わくは　この功徳《くどく》を以《も》って　普《あまね》く一切に及ぼし
我等と衆生《しゅじょう》と皆共に　仏道《ぶつどう》を成《じょう》ぜん

15　合掌礼拝

*3の懺悔文~8の三摩耶戒真言までは省略可
*大師堂では、お大師様がご本尊なので10のご本尊真言は省略する

四国別格二十霊場を巡る

第一番

札所

大山寺

たいさんじ

空海は弁慶銀杏の横にあるご加護石に座り、民たちに説法を説いた

大山寺の空海伝説「弁慶ゆかりの銀杏の木の下で」

平安時代の前期、空海が教えを広めて四国を巡り歩いていた時のこと。徳島県から香川県にかけて広がる大山《おおやま》付近にさしかかった。

この一帯は、昔から霊山として知られる霊験あらたかなエリアで、空海は、ある山寺を見つけると、東方に移してお堂を整え、唐で師匠の恵果和尚《けいかかしょう》より授かった千手観音菩薩《せんじゅかんのんぼさつ》像を本尊として祀った。

これが、現在の大山寺だ。この本尊は秘仏で、平成26（2014）年の「四国霊場開創1200年」にご開帳されて以来、一度も披露されていないという。

大山寺の境内には、「弁慶銀杏」と名前の付いた木が生え、町の天然記念物になっている。弁慶とは、平安時代後期に活躍した僧兵・武蔵坊弁慶《むさしぼうべんけい》のこと。その弁慶が「戦の時に銀杏を食料にしよう」とこの地に植えたと伝わっている。

また、この木の横には「ご加護《かご》石」と呼ばれる平べったい石があり、数珠を手に持った小さな空海の石像が置いてある。伝説によると、ここで空海が民たちに説法を説いたそう。なにかと悩み多き今日この頃、「あぁ、私も空海に説法していただきたい！」と思わずにはいられなかった。

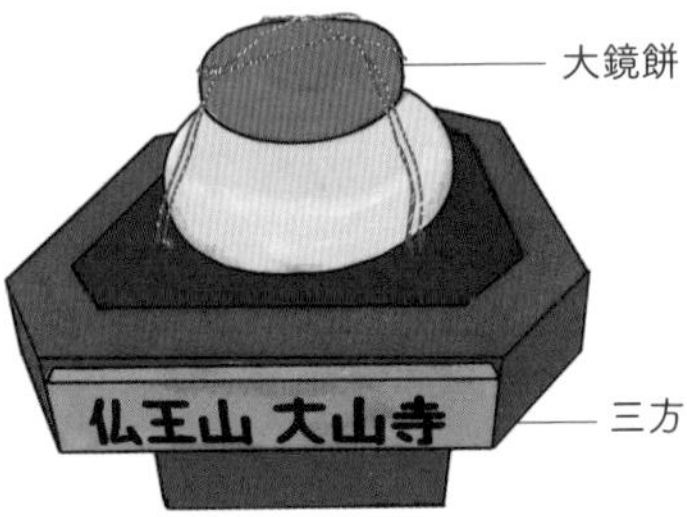

「力餅」のモニュメント

本堂の不動明王像

大山寺は、讃岐《さぬき》山脈東部の大山（６９１ｍ）の中腹あたり標高４５０ｍにあり、約２６０段の石の階段を上る。車で階段の先にある納経所の側まで行けるが、歩いた方が雰囲気が良くおすすめだ。

本堂には、空海が祀ったとされる秘仏本尊の千手観音菩薩像や、土御門《つちみかど》上皇が寄進したとされる不動明王像《ふどうみょうおうぞう》、毘沙門天像《びしゃもんてんぞう》が祀られている。普段は入ることができず、外から見ることもできないのが非常に残念である。

こちらのお寺では、毎年1月第３日曜日の初会式《はつえしき》に、大鏡餅を乗せた三方を運ぶ「力餅《ちからもち》」という行事が行われる。男性は１４５kg、女性は75kg、小学生は55kg、幼児は17kgをそれぞれ担ぎ、歩いた距離を競

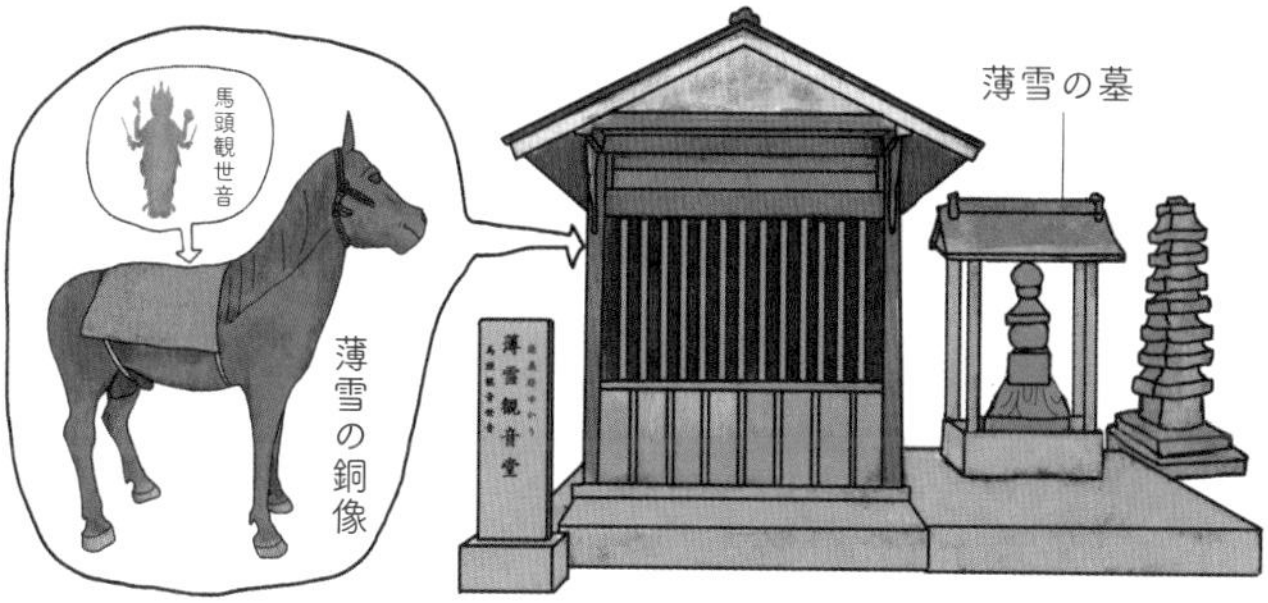

薄雪観音堂

うというもの。本堂の横にモニュメントが置かれてあったが、こんな重たいものを抱えたら、私のような人はたぶん腰を痛めてしまうだろう。

この力餅は、戦国時代、現在の徳島県板野《いたの》郡上板町七条《ぐんかみいたちょうしちじょう》にあった七条城の城主が、「我が身に力を授けたまえ」と御本尊に21日間参詣し、願いが叶ったお礼に、九輪の石塔と鏡餅を自ら背負って奉納したことから始まる。

境内を歩くと、「源義経ゆかり 薄雪観音堂《うすゆきかんのんどう》 馬頭観世音《ばとうかんぜおん》」と書かれた石の看板がある。これは、元暦2（1185）年、源義経が平家討伐で屋島に向かう途中ここで戦勝祈願し、その後、勝利したお礼に愛馬の薄雪を寄進したそうだ。

薄雪観音堂の中には、嘉永5（1852）年に薄雪を偲《しの》んで奉納された銅製の馬が入っており、動物守護の他、旅行安全にもご利益がある。この銅馬の中に、馬頭観世音像がおられて、銅馬を拝むと馬頭観世音も拝んでいることになる。

戦時中、「この銅馬を軍隊の武器の材料に」と何度も供出を強いられたが、そのたびになぜか関係者に不吉なことが起こり返却されたとか。きっとすごいパワーを秘めているのだろう。

本尊・千手観音菩薩の霊木御影

御朱印

境内図

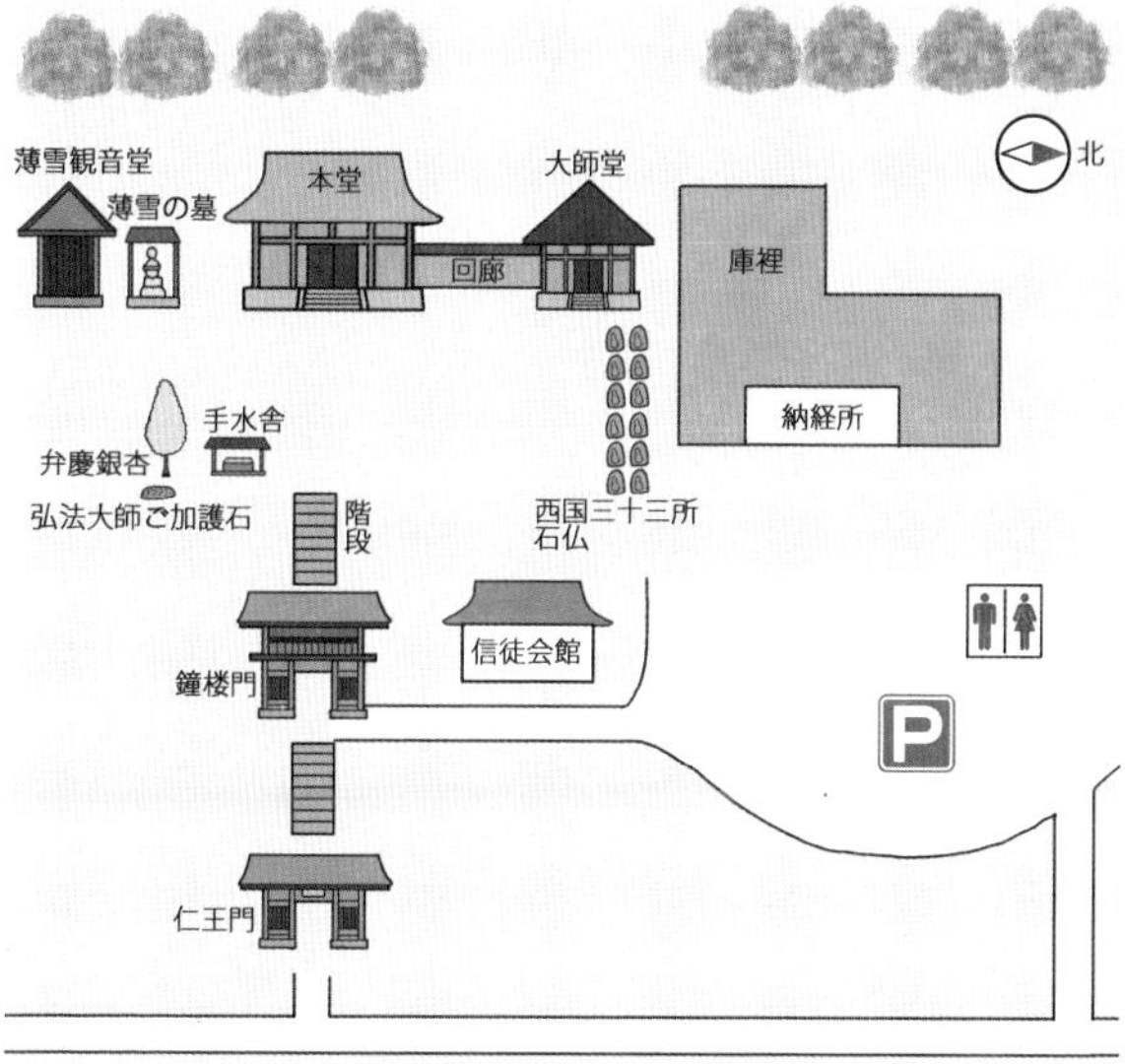

本尊　千手観音菩薩

真言　オン　バザラ　タラマ　キリク

開山　西《せい》範《はん》僧《ぞう》都《ず》

宗派　真言宗醍醐派

御詠歌

さしもぐさ
たのむちかひは
大山の
松にも法の
花やさくらむ

本尊様は大慈・大悲の御心で、悩み苦しむ人々を洩れなくお救いくださる。その功徳は、大山の松が花をたくさん咲かせるのと同じだ

住 〒771-1320
徳島県板野郡上板町神宅字大山14-2

☎ 088-694-5525

宿 寺指定民宿有り

駐 普通車20台駐車可、山道で大型バスは通行不可

アクセス
徳島自動車道「土成IC」から約20分、高松自動車道「板野IC」から約30分

第 二 番

札所

童学寺

どうがくじ

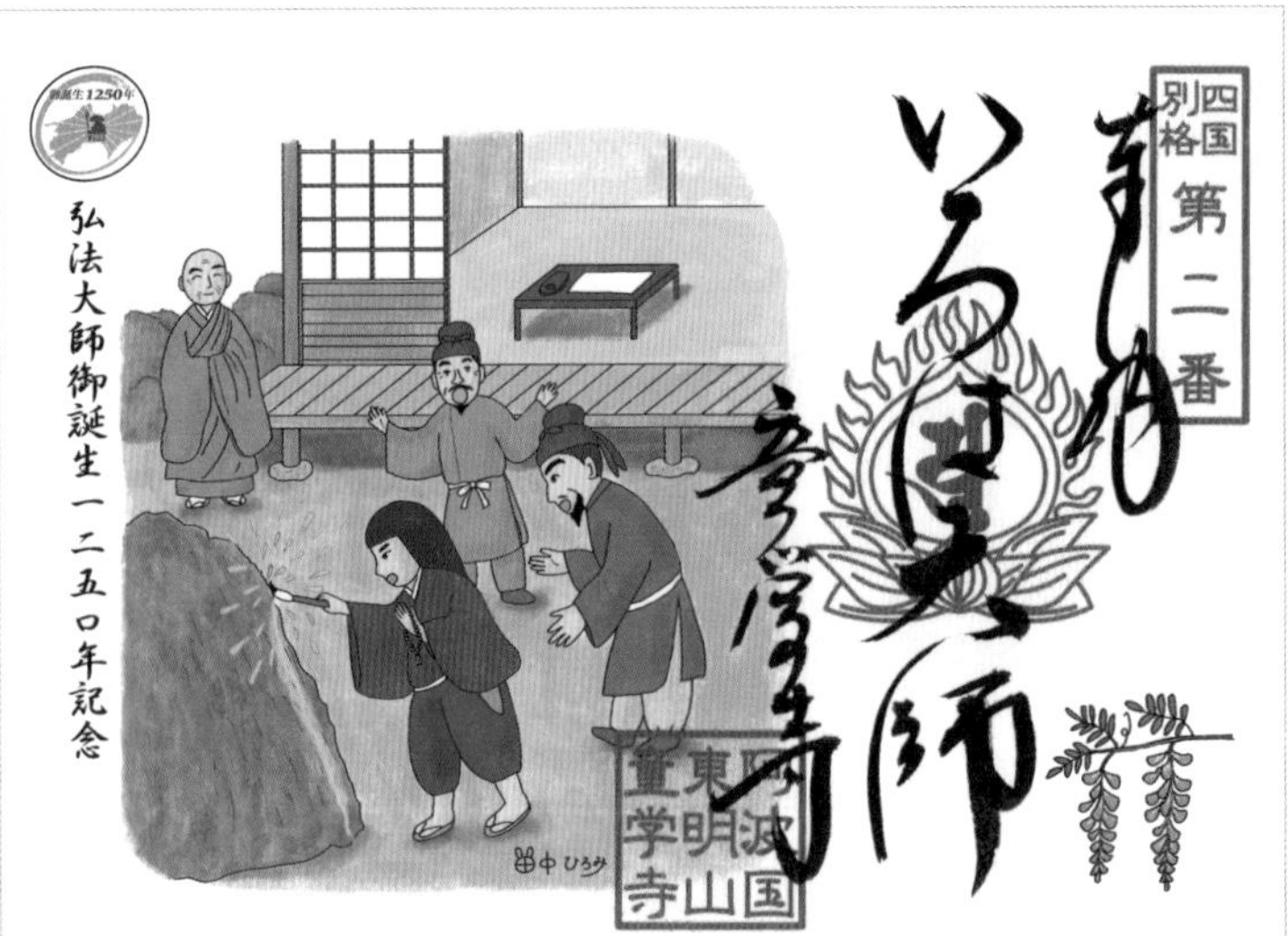

空海は筆を使い、岩肌から水を湧き出させた

童学寺の空海伝説「硬い岩肌から急に水が湧出！」

藤の名所として知られる童学寺の起源は飛鳥時代、行基《ぎょうき》が創建したとされる。東大寺の大仏建立に尽力した僧なので、ご存じの人も多いだろう。

当初は「光明院《こうみょういん》」という名前だったが、空海が7～15歳まで当寺で書道や密教を学び、「いろは四十八文字」を創作したことから、現在の名になった。「いろは文字（いろは歌）」とは、ひらがなを重複させずにまとめた47文字の歌のことだ。

いろはにほへとちりぬるを（色はにほへど 散りぬるを）
わかよたれそつねならむ（我が世たれぞ 常ならむ）
うゐのおくやまけふこえて（有為の奥山 今日越えて）
あさきゆめみしゑいもせす（浅き夢見じ 酔いもせず）

いろは大師像

空海には幼少期から不思議な力があり、杖で地面をつき水を湧き出させたという逸話が各地に残っている。当寺で過ごしていた頃も、岩肌に向かい筆を持って祈ると水が湧き出たという。

境内には、今も水が湧き続ける「お筆の御加持水《おかじすい》」という泉があり、飲めば病気が治り、書道に使えば筆達者になれると言われている。私も「三筆」と呼ばれた書の名人・空海を見習い、字が上達するよう日々練習しようと密かに決心したが、残念ながら「決心した」だけで終わっている……。

切支丹灯篭《きりしたんとうろう》

空海は、弘仁6年（815年）42歳の時、再び童学寺を訪れ、お寺の建物を整備して、自らが彫刻した薬師如来をご本尊とし、他に阿弥陀如来《あみだにょらい》、観音菩薩《かんのんぼさつ》、持国天《じこくてん》、毘沙門天、歓喜天《かんぎてん》を安置した。

この薬師如来《やくしにょらい》は、寄木造《よせぎづくり》（複数の木材を合わせて仕上げる方法）による坐像で、座高は64㎝。天正《てんしょう》

聖観音像

中国風の鐘楼門《しょうろうもん》

年間（1573年〜1592年）に長宗我部元親《ちょうそかべもとちか》によるによる兵火で本堂が全焼したことがあったが、本尊の薬師如来は無事に救出された。

その後、元禄《げんろく》年間（1688年〜1704年）に本堂が再建され、本尊も移されたが、平成29（2017）年3月25日、今度は漏電が原因とみられる火災で本堂が再び全焼。だがこの時も、ご本尊は救いだされて事なきを得た。2度の火災に遭いながら無事でおられるなんて、もしかしたら空海の不思議なパワーが宿っているのでは？と思わず想像を膨らませてしまう。

なかには火災から救い出せなかった仏像もあるが、全38体のうち25体は無事だったそう。その1つ、聖観音像《しょうかんのんぞう》は古くて慈悲を感じるお像だ。現在は仮本堂に祀られ、毎月12日の午前中、縁日で護《ご》

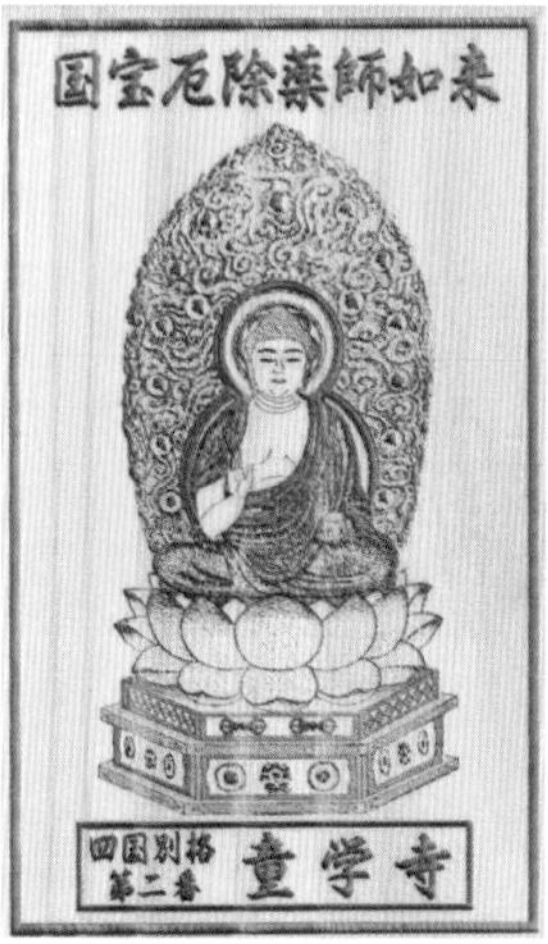

本尊・薬師如来の霊木御影

稚児大師像

摩《ま》を焚く時なら入堂して拝観することができる。
大師堂には、子ども時代の空海・稚児大師像《ちごだいしぞう》が祀られている（毎月12日午前中なら入堂して拝観可）。まゆがキリッと上がって非常にりりしい顔立ちだ。

御朱印

境内図

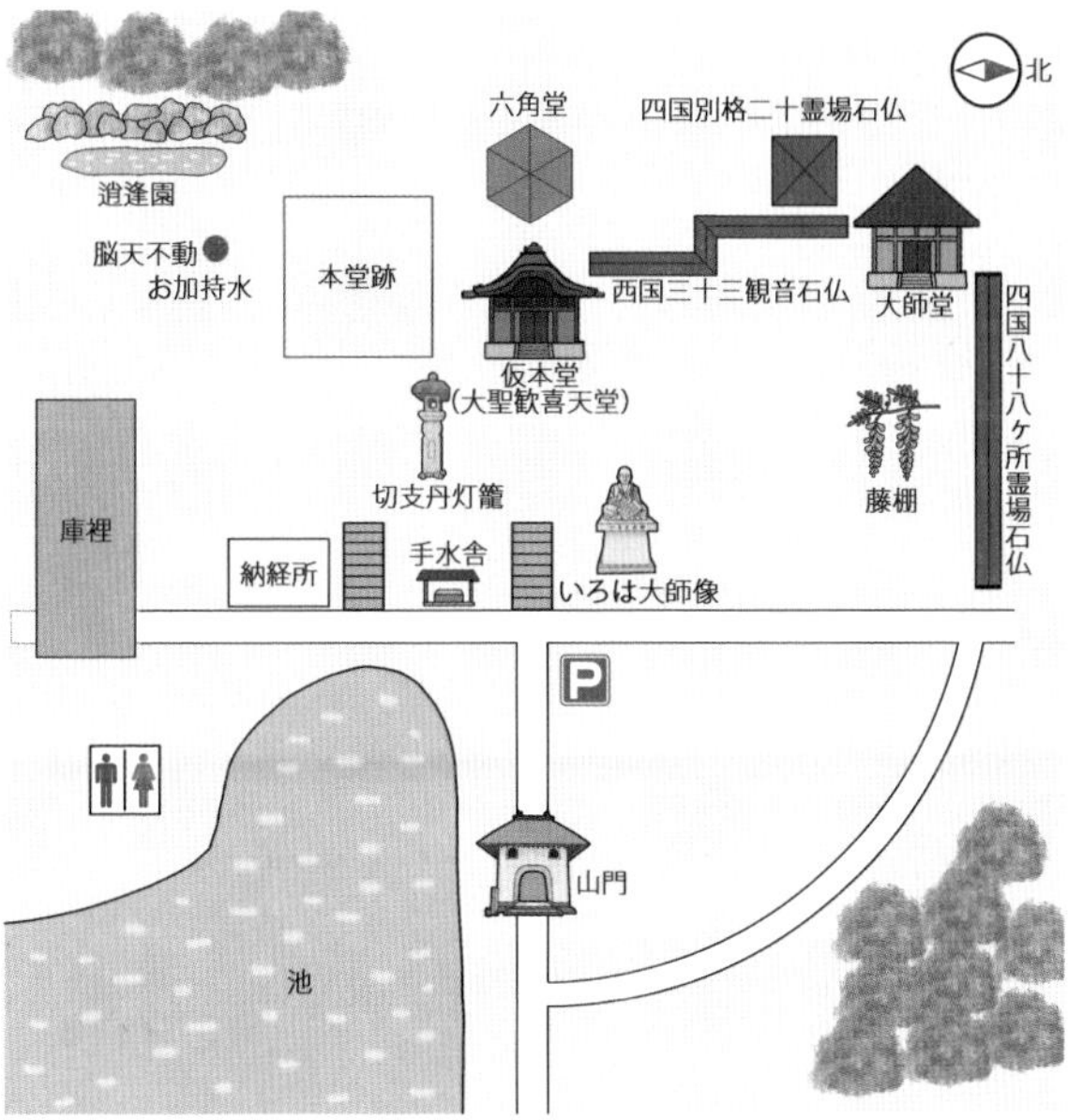

御詠歌

まいるなら
三世の悪行
消へはてる
南無や薬師の
瑠璃の光に

瑠璃色の後光がさすお薬師様を信じて拝めば、過去、現在に行った悪業は取り除かれ、未来には計り知れない利益を得る

本尊　薬師如来《やくしにょらい》

真言　オン　コロコロ　センダリ　マトウギ　ソワカ

開山　行基菩薩《ぎょうきぼさつ》

宗派　真言宗善通寺派

住 〒779-3232
徳島県名西郡石井町石井字城ノ内605

☎ 088-674-0138

宿 近くに宿有り

駐 普通車10台、マイクロバス5台駐車可

アクセス
徳島自動車道「土成IC」から約30分

第二番

札所

慈眼寺

じげんじ

突然襲いかかってきた悪龍に勇敢に立ち向かう空海

慈眼寺の空海伝説「鍾乳洞の奥に潜む悪龍を法力で退散！」

空海が19歳の頃、四国を巡っている途中にこの地を訪れたことがある。ちょうどある鍾乳洞の前を通りがかると、あたり一帯にただならぬ霊気が漂っていたので、すぐさま霊気を祓おうと、鍾乳洞の入口で懸命に護摩《ごま》祈祷《きとう》（ご本尊の前でお供え物を焚き上げ、ご加護を願うこと）を行った。今も、その場所が洞穴の入り口に残っている。

それから数日間熱心に祈祷し、いよいよ修行終了日が近くなったある日のこと、突然いさましい悪龍が姿を現し、空海に襲いかかってきたのだ！　これこそが霊気の正体であった。空海は、大日如来《だいにちにょらい》を意味する古代インド語の梵字「𑖀」を小石に書いて龍に投げつけ、真言（仏の言葉）を唱えて法力で対抗！　ついに悪龍を退散することに成功した。

今も洞窟の壁には龍が閉じ込められているそうで、確かに洞穴の壁の鍾乳石の形が、龍の爪、体、しっぽなどの形に見える場所があり説得力がある。

本尊・十一面観世音菩薩

空海は21日間、仏のご加護を願って加持《かじ》を行った。そして霊が宿る木を見つけ、一刀彫るごとに三礼しながら十一面観世音菩薩像《じゅういちめんかんぜおんぼさつぞう》を完成させ、当寺に安置して残された。

現在その洞窟は、ローソクの灯りだけで行く「穴禅定《あなぜんじょう》」という精神修行の場となっている。

今後、読者の皆さんが訪れた際にぜひ挑戦してほしいので、ここに私の体験レポートを記しておこう。まずは、穴禅定を体験するための事前チェックだが、慈眼寺には、大師堂の前に「穴禅定行場の路幅《みちはば》体験場」と彫られた大きな2枚の石板がある。石板の間隔は約25㎝。この間をすり抜けられれば問題ないが、もしすり抜けられなければ、狭い洞窟を這《は》うように進む穴禅定は、物理的に無理だということだ。なお現在は、新型コロナウイルス流行のため中止されているが、体験する場合は、納経所での事前申し込みが必要だ。今回、私はかろうじて通り抜けることができたが、次回からは事前にダイエットしようと秘かに決意したことを告白しておこう。

洞窟へは、大師堂や納経所から「幸白衣観音《しあわせびゃくえかんのん》」と書かれた像の下をくぐって細い山道を約20分歩いて登る。息も絶え絶えになんとか辿り着いたら、塩と聖水で口と手と身体を清め、真っ暗闇な洞窟へ進入する。

幸白衣観音像

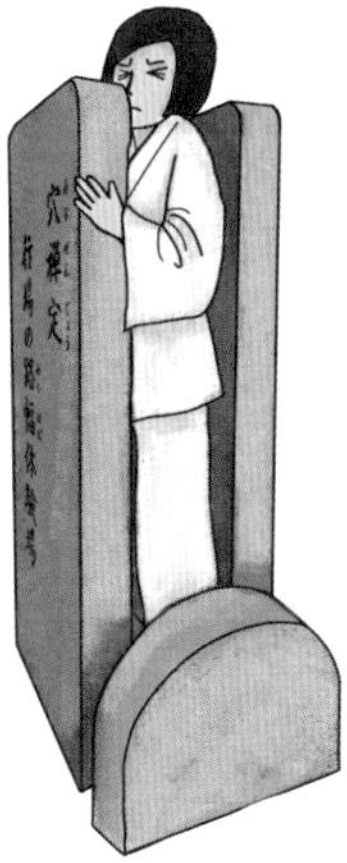

穴禅定行場の路幅体験場

ところが、これが非常に狭く、最初から最後まで普通に歩ける場所がほとんどない。先導役の穴禅定先達《せんだつ》が「まず左手を入れ、次に左肩を」と指示してくれるが、まるで難解な知恵の輪を身体全体で解いている気分。その指示を後ろの人へ順番に伝える様子は伝言ゲームのようだった。

道中はコウモリの大群に遭遇したり、ほふく前進したり、鎖を持って下へ下へ降りたり、もうヘトヘトだ。ちなみに付き添いのお坊さんは、途中でお腹がつかえて進めなくなり引き返した。年に何人かは身動きがとれなくなりレスキューに救出されるそうだ。

私にとっては、修行というよりほぼアドベンチャーだったが、空海が悪龍を閉じ込めた痕

本尊・十一面観世音菩薩の霊木御影

穴禅定中の様子

跡とされる龍の爪の説明を聞きながら、一番奥に祀られた弘法大師像にたどり着いた。

帰路は、往路と違い、胎内くぐりの小さな穴から地上へ戻る。光に溢れた地上へ出た瞬間は、まさに生まれ変わった気分。新しい自分と出会い、これからはどんな困難でもくぐり抜け、新しいことに挑戦できそうな心持ちになった。この穴禅定は、狭いところを通り抜けるため、入試、安産、開運のご利益があるという。

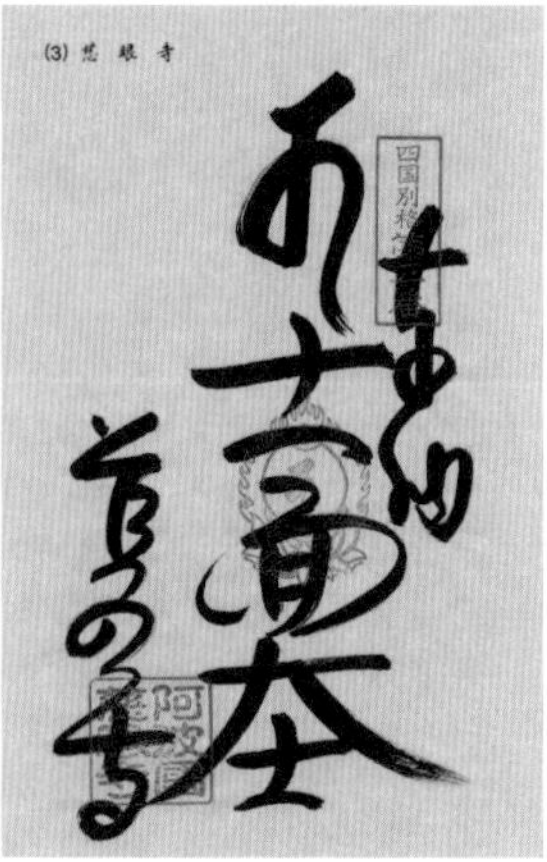

御朱印

境内図

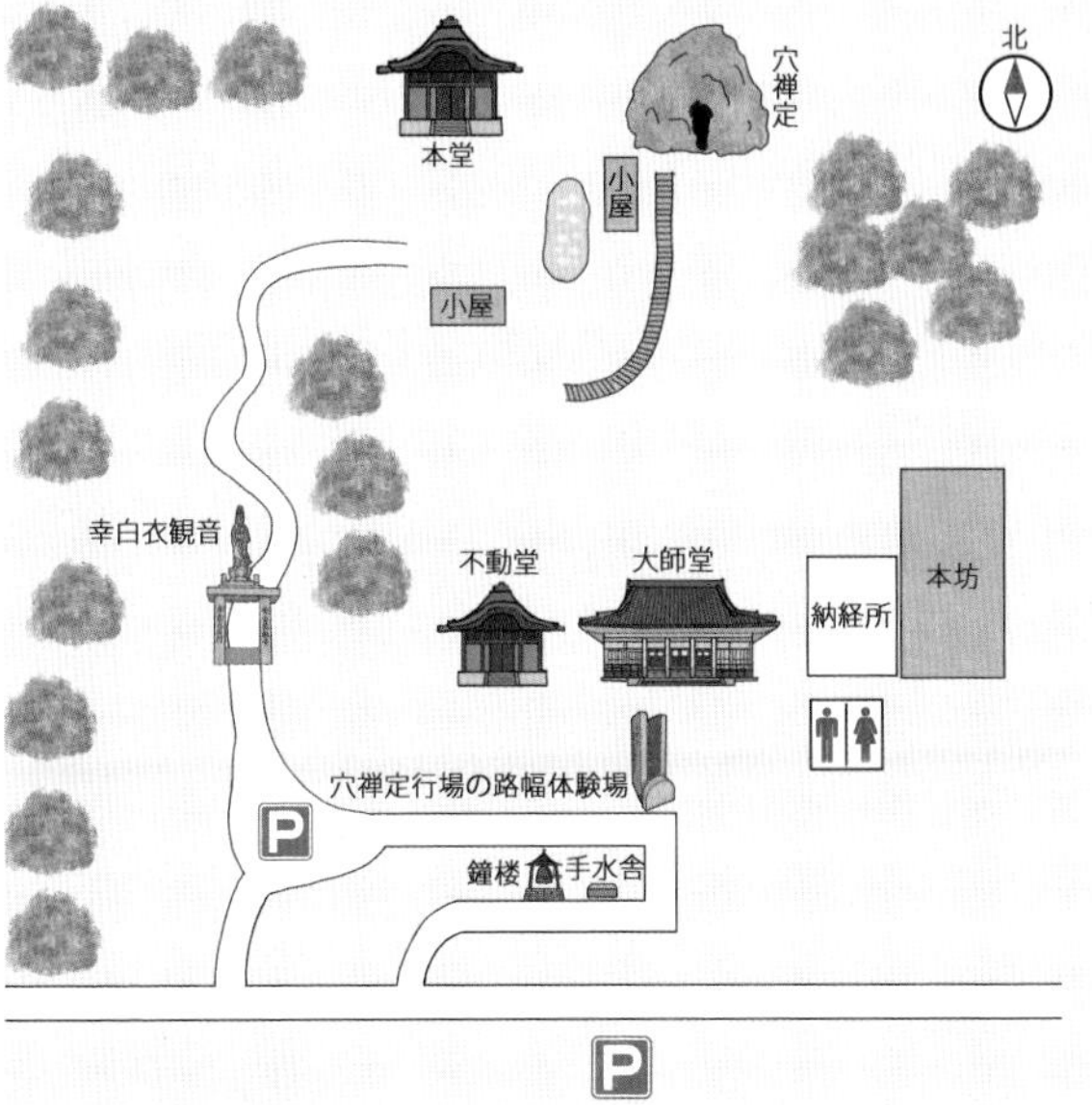

御詠歌

天とふや
鶴の奥山
おくたえて
願ふ功力に
法ぞ通わん

天を飛ぶ鶴の奥山で一心に祈り修行する力により、神仏に心が通じ願いも届くであろう

本尊　十一面観世音菩薩

真言　オンマカ キャロニキャソワカ

開山　弘法大師

宗派　高野山真言宗

住 〒771-4505
徳島県勝浦郡上勝町大字正木字灌頂瀧18

☎ 0885-45-0044

宿 なし

駐 普通車50台、バス5台駐車可

アクセス
徳島自動車道「徳島IC」から約30分

第 四 番

札所

鯖大師本坊 （八坂寺《やさかでら》）

さばだいしほんぼう

空海が加持祈祷すると、鯖は元気に泳ぎ出した

鯖大師本坊の空海伝説「馬が回復し、鯖も生き返る不思議な力」

通称「鯖大師本坊」、または「鯖大師」と呼ばれている八坂寺。なぜこのような名前が付いたかというと、次の伝説による。

かつて空海が、鯖大師本坊周辺の急な坂の続く難所・八坂八浜《やさかやはま》を訪れた時のこと。ひと休みしていると、馬に塩鯖を背負わせた馬子《まご》（運送業）が通りがかったので「鯖を1匹ください」と言ったが、馬子は申し出を冷たく断りそのまま立ち去ってしまった。

だがその後、馬子が連れていた馬が急に苦しんで動かなくなった。馬子は、「さっきの僧を邪険にしたせいかもしれない」と慌てて引き返し、空海に塩鯖を差し出して「馬を治して欲しい」と願った。

空海がその願いを受け入れ加持水を与えると、馬は一気に回復した。また、もらった塩鯖に加持祈祷し、八坂八浜の海辺の奇岩・法生島《ほけじま》に放つと、鯖は生き返り泳ぎ出したという。

その後、この馬子は空海の弟子となり、空海の命でこの地に戻って鯖大師本坊を建立した。

手前に見える岩が法生島

鯖大師本坊は、国道55号をちょっと入ったところにあるが、看板が大きく出ているのでわかりやすい。この国道55号を室戸岬方面に向かうと、生き返った鯖が放たれた法生島を見ることができる。

広い駐車場には水掛地蔵が祀られ、下に水琴窟《すいきんくつ》がある。聞きなれない言葉かもしれないが、これは日本庭園の装飾の一つで、水掛地蔵に水をかけると、ピーンピーンという良い音色が聞ける仕掛けだ。

大師堂の前には、鯖と数珠を持った鯖大師像がある。「鯖断ち」といって3年間、鯖を口にしないことを誓い実行すると願いが叶うらしいが、鯖好きの私には到底できないだろう。

また、大師堂と本堂の間を進むと一願稲荷《いちがんいなり》がある。このお稲荷様に1つだけお願い事をし「南無一願稲荷大明神」と7回唱えると、願いが叶うと言われている。私は、1つの願いで、心に願ったことを全て叶えてもらえそうな「心願成就《しんがんじょうじゅ》」にした。

本堂横の建物には2つ入り口がある。1つは、本堂に続く渡り廊下で、西国三十三観音霊場のお砂が埋め込まれたお砂踏《すなふ》みがある。

もう1つは山腹をくりぬいて造られた全長88mの長い洞穴が護摩堂《ごまどう》へ続き、無料で中に入ることができる。洞穴を進むと八十八ヶ所霊場のお砂踏みもあり、意外と奥が深くて驚いた。護摩堂には、光に照らされた不動明王像と矜羯羅童子《こんがらどうじ》、制咜迦童子《せいたかどうじ》が祀られる他、

鯖像

鯖大師像

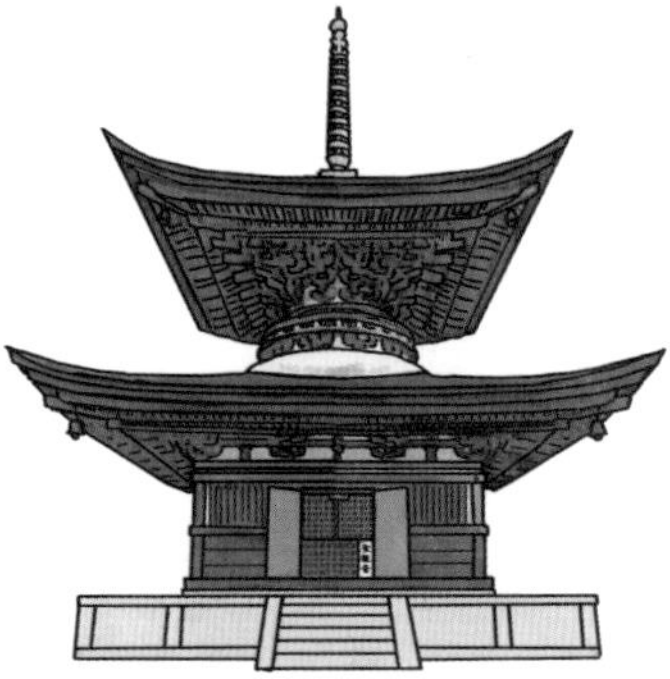

般若心経塔

周りには小さな金色の不動明王像が複数並び、一度にたくさん巡拝できる。ご利益が多く得られそうで非常にありがたいことだ。

なお、本堂の奥にある般若心経塔（多宝塔）は、平成22（2010）年に完成した般若心経のお写経を奉納する場所。境内地の中でも少し離れた場所にあるが、とても立派で見応えがあるので、ぜひ足を運んでほしい。

本尊・弘法大師の霊木御影

御朱印

境内図

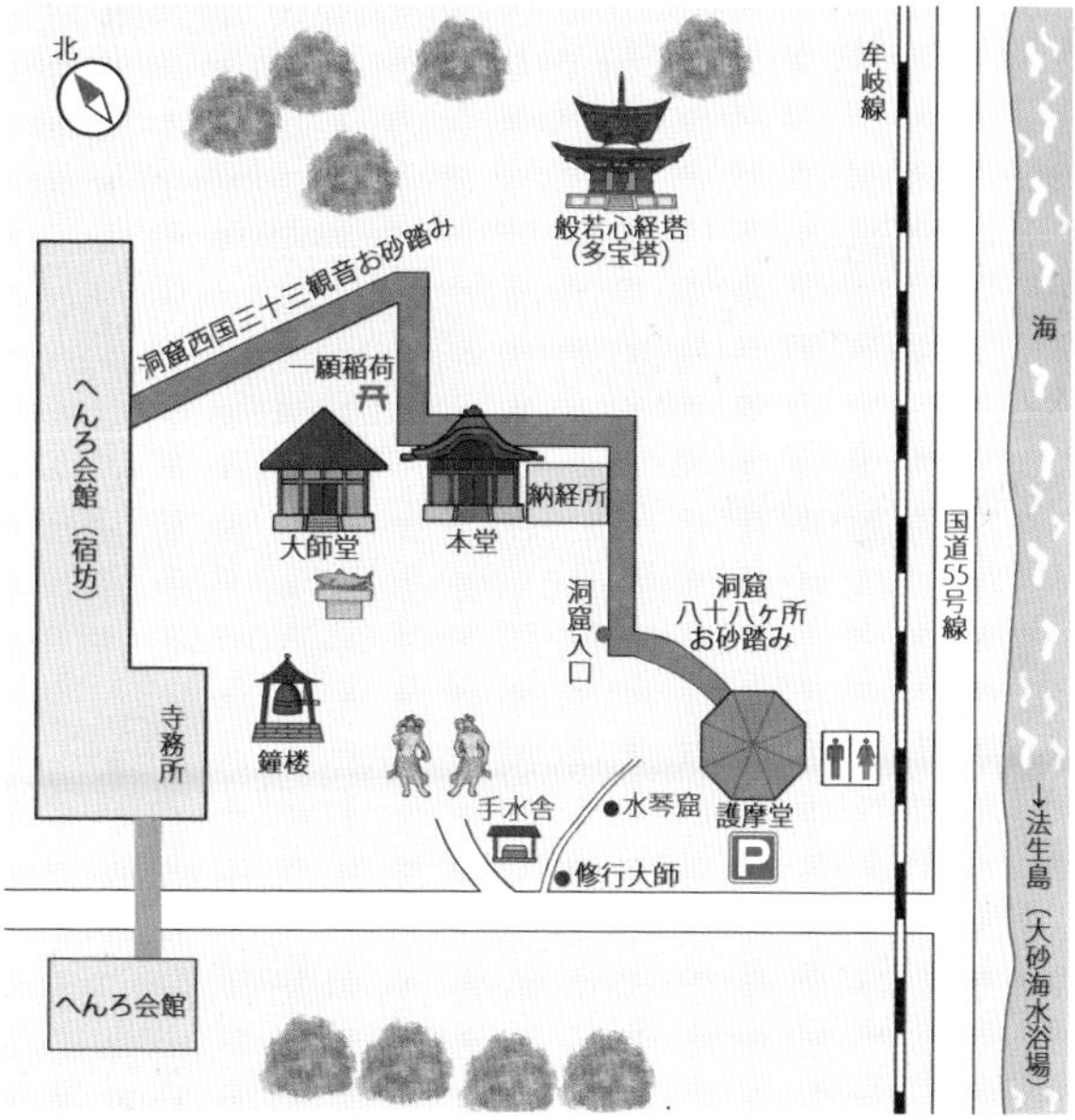

御詠歌

かげだにも
我名を知れよ
一つ松
古今来世を
すくひ導く

いつもわたくし弘法大師がこの松の木の下で、今までも、これからも助け救い導こう

本尊　弘法大師

真言　南無大師遍照金剛

開山　行基菩薩

宗派　高野山真言宗

住 〒775-0101
徳島県海部郡海陽町浅川字中相15

☎ 0884-73-0743

宿 現在は宿泊対応なし

駐 普通車30台、バス5台駐車可

アクセス
国道55号線から約2分

田中ひろみがおすすめする

四国グルメ

徳島編

阿《あ》波《わ》尾《お》鶏《どり》

ほどよい歯ごたえと、脂身が少なくなめらかなコクが特徴。焼鳥をはじめ、どんな料理にもよく合う。

すだち

徳島県の特産品であり、全国の生産量の95%を県内で生産している。

フィッシュカツ

魚のすり身にカレー粉などをあわせ、パン粉をまぶして揚げたもの。徳島では「カツ」というと、このフィッシュカツを指す。

徳島ラーメン

店によって甘辛い豚骨醤油の茶系、マイルドな黄系、あっさり味の白系の3種のスープに分かれ、具は豚バラ肉を載せるところが多い。

ボウゼの姿寿司

秋祭りの時期に作られる白身の魚を使った押し寿司。「ボウゼ」とは徳島の方言で、一般的にはイボダイやウボゼ、シズなどと呼ばれ、夏から秋にかけて漁獲される。

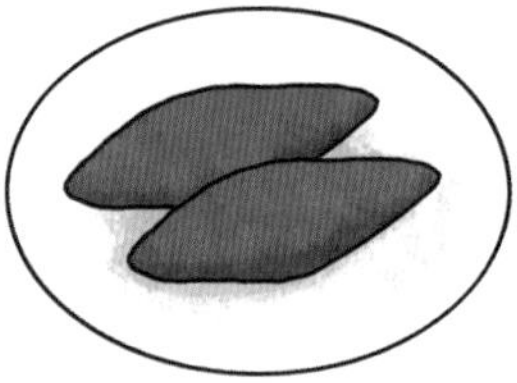

鳴門《なると》っ娘《こ》

徳島名産のなると金時と、阿波和三盆のみを使い、本物のさつまいもそっくりに仕上げたお菓子。紫いもの粉を表面にまぶしている。

高知編

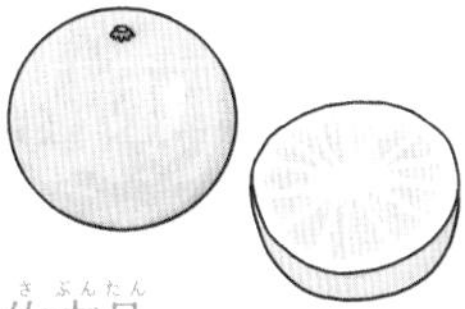

土《と》佐《さ》文旦《ぶんたん》

高知県を代表する特産果実の一つで、柑橘類の中でも大きい品種。さわやかな甘みで、ひと粒ひと粒がプリッとしていて食べ応えがある。

皿鉢《さわち》料理

大皿に生物（刺身、カツオのたたき）、組み物（揚物、煮物、酢物）、お寿司など様々な料理をてんこ盛りにした逸品。

カツオのたたき

強火で表面を炙った後、冷水で一気にシメることで、お刺身のプリプリ食感と表面のカリッと香ばしい味わいが楽しめ絶品。地元では、粗塩をかけて塩たたきとして食べる。

鍋焼きラーメン

高知県須崎市の名物。親鳥でとった鶏ガラ醤油ベースのスープを土鍋に入れ、具は親鳥の肉、ねぎ、生卵、ちくわなど。スープと細麺のバランスが絶妙で、日本一熱いラーメンと言われている。

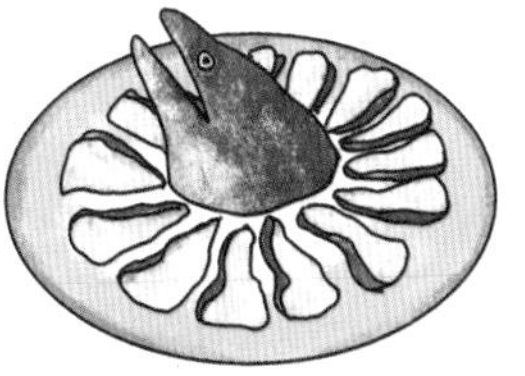

ウツボ料理

獰猛《どうもう》な姿と凶暴な性格から“海のギャング”と呼ばれているウツボは、淡白でフグのような旨味があり、プリッとした食感。

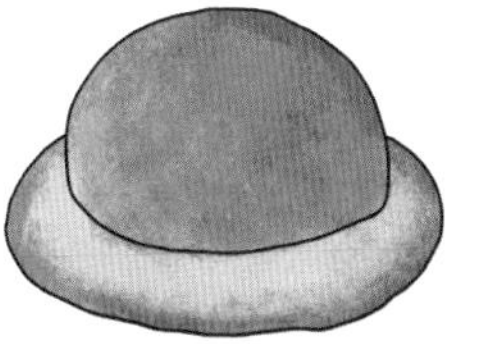

ぼうしパン

帽子の形をしたパン。表面はほんのり甘くサクサクとした食感。中に、ふんわり真っ白なパンが隠れている高知発祥、かつ高知限定のパン。

第五番

札所

大善寺

だいぜんじ

須崎湾の二ツ石から太平洋を臨み、海上·陸上の往来の安全を願う空海

大善寺の空海伝説「空海の祈祷のおかげで海難事故が激減」

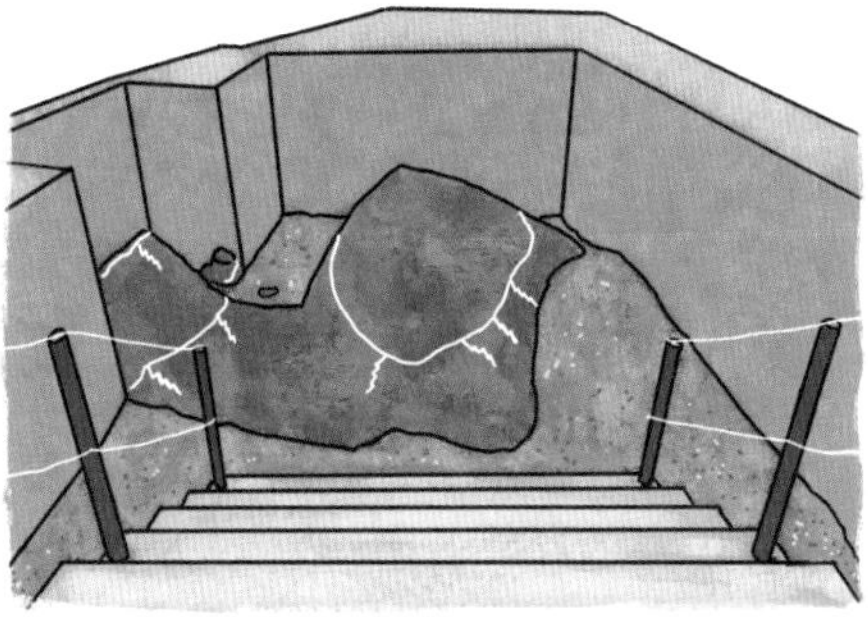

二ツ石

現在、大善寺の本堂がある丘は、かつて須《す》崎《さ》湾《わん》に突き出た岬で、当時は海の潮が引くと「二ツ石」と呼ばれる2つの巨岩が姿を現した。山を越える者のなかには、「近道に」と、この二ツ石の間を通る者があり、海に転落したり波に飲まれて水死したりと事故が多発したそうだ。

42歳の時、この地を訪れた空海はその話を聞き、二ツ石の上で亡くなった人の菩提《ぼだい》を弔うために、海上・陸上の往来の安全を願って祈祷した。その時、仏像を建立したのが、今の二ツ石大師堂の起源である。以来、空海のおかげで海難事故は軽減し「二ツ石のお大師さん」と呼ばれて信仰されるようになった。

そして時は経ち、いつしか二ツ石は土に埋まり、その上に民家が建った。2つのうち、西方の石が埋まっている場所を大善寺のご住職が購入し、民家を解体して地中を掘ったところ巨石が登場し、ニュースになって注目を集めた。一方、東側の石は、そこから約5m離れた場所にあるらしいが、すでに住宅が建ち発掘する予定はないそうだ。

実際に発見された西側の石を見せていただいたが、現在露出している部分だけでも6.5m×3.5m×2.5mと巨大で、予想以上に大きくてびっくり！この石の上に空海が立って祈祷したと思うだけで、空海伝説を目撃できた気がして嬉しくなった。

大善寺は四国別格二十霊場で、唯一高知県にある札所だ。四番札所の鯖大師本坊《さばだいしほんぼう》から約170㎞と、かなり離れた場所にある。車を運転していると、遠い上に、街中ということもあって少し迷ってしまった。皆さんも、ぜひ気を付けてほしい。

当寺は、もともと別の場所にあったが、宝永4（1707）年の津波でお堂が流され、古城山《こじょうざん》の麓に移転した。が、その後、明治27（1894）年に廃寺。そのことを惜しむ人たちが、二ツ石大師堂の上部に寺院を建てて復興したそうだ。

二ツ石大師像

モノレール

本堂は丘の上にあり、納経所で４００円払うとモノレールに乗れるので、足の不自由な人にはおススメだ。私もモノレールに乗りたかったが、今回は頑張って大師堂の横の階段から上った。丘には須崎湾（太平洋）を見守るように空海の銅像が立ち、「二ツ石大師」と呼ばれている。まさに空海伝説のお姿そのものだ。

上方に着くと、本堂や四国別格二十霊場の石仏が並び、鐘楼堂の鐘にも、二ツ石に乗った空海のレリーフが彫られている。なお、近隣の民家のことを配慮して鐘をつくのは禁止されているのでご注意を。丘からは須崎湾が一望でき、眼下に民家が建ち並んでとても眺めが良い。

本堂の中を拝観させていただくと、中央の厨《ず》子《し》（仏像を収納する箱）に空海、その前に弥勒《みろく》菩薩《ぼさつ》

本尊・弘法大師の霊木御影

本尊・弘法大師

像《ぞう》、右に金剛界大日如来像《こんごうかいだいにちにょらいぞう》、左に阿弥陀如来坐像《あみだにょらいざぞう》と阿弥陀如来立像《あみだにょらいりゅうぞう》が祀られていた。

また当寺では四国霊場で唯一、空海秘伝の祈祷を施した吉祥塩《きっしょうじお》を授かることができる。納経所で依頼すれば350円で譲ってもらうことができ、料理に使ったりお風呂に入れたりと活用法も多彩。空海のパワーで、きっと体の芯から清めていただけるだろう。

御朱印

境内図

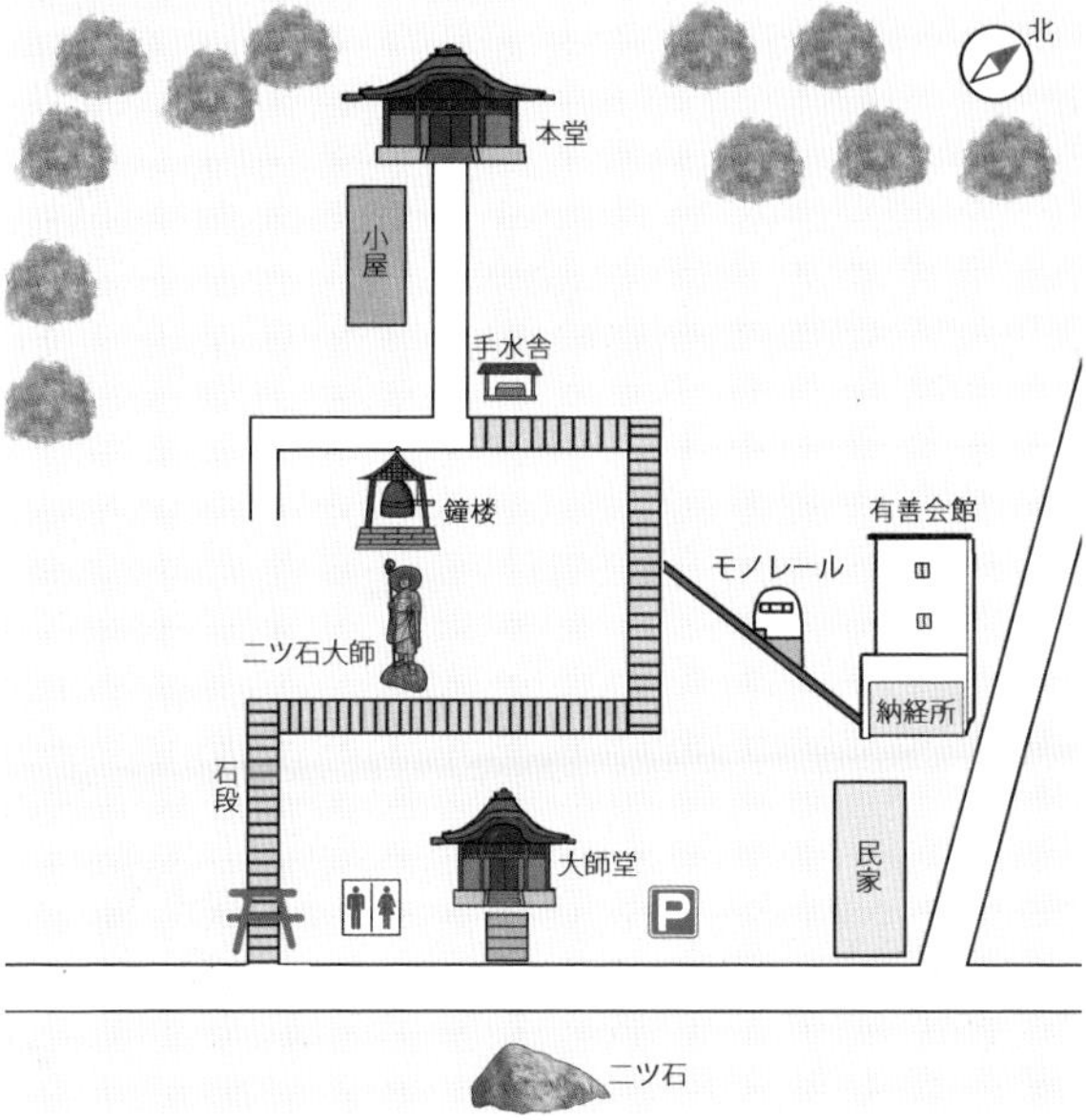

御詠歌

みな人の
善を須崎の
高野寺
波の音さえ
法の声かな

本尊　弘法大師
真言　南無大師遍照金剛
開山　弘法大師
宗派　高野山真言宗

衆生済度を弘法大師が祈られた高野山、二ツ石大師で名高い大善寺では、聞こえる波の音も人々を導き救う弘法大師の御声である

住 〒785-0009
高知県須崎市西町1-2-1
☎ 0889-42-0800
宿 近くに施設有り
駐 普通車5台、バス1台駐車可

アクセス
須崎道路「須崎中央IC」から約3分

第 六 番

札所

龍光院

りゅうこういん

愛媛県の西部･赤松浦に立ち、九島に向かって文化の発展を願う

龍光院の空海伝説「杖で地面を打つと、たちまち清水が」

龍光院の空海伝説を伝えるには、まず空海が建立した願成寺のなりたちから始める必要がある。

弘仁7（816）年のある日、空海は都から遠く離れた九島《くしま》の文化がなかなか発展しないことを案じ、宇和島の地へやって来た。そして、対岸にある赤松浦《あかまつうら》から九島へ渡ろうと、近くの田んぼで作業していた農夫に「舟を出してほしい」と依頼した。だが、農夫はその申し出をあっさり断り、再び作業を始めてしまった。そこで、「舟を出してくれれば、後々まで雑草が生えないようにしよう」と空海が提案すると、今度は「水にも困っている」とさらなる要求をしてきた。

空海は農夫のこの願いを聞き入れ、手にした杖で地面を打ちつけて清水を湧き出させた。すると農夫は大喜びし、すぐさま舟を出し九島へ送ってくれたという。

無事に九島へ着いた空海は、「この地に一晩で寺を建立しよう」と作業に打ち込んだ。寺の建立によって文化を発展させようと考えたのだろう。だが、一棟建てたところで赤松浦から一番鶏の声が聞こえたため夜が明けたと思い、未完成の寺を願成寺と名付けて開山し、やむなく立ち去った。

その後、赤松浦では、空海のおかげで田んぼに雑草が生えないことを大いに感謝するとともに、お寺建立の際、空海の邪魔をしたという理由で、「今後、鶏を飼うのはやめよう」と誓ったそうだ。また、農夫の依頼で空海が湧き出させた清水は今も残っており「お大師井戸」と呼ばれている。

この願成寺は、のちに四国霊場第四十番札所の観自在寺《かんじざいじ》の奥之院になったが、「離島のため遍路の巡拝に不便だ」という理由で、江戸時代の寛永8（1631）年に島の対岸にある宇和島市元結掛《もとゆいぎ》に引っ越し、元結掛願成寺となった。この時残ったお堂は、鯨谷《くじらだに》という地名にちなんで、「鯨大師」と呼ばれている。

さらに明治時代になると、今度は廃仏毀釈によって元結掛願成寺が龍光院へ併合。この時残ったお堂は、すぐ側に生えるウバメガシの木の別名・馬目木《まめき》にちなんで、馬目木大師という名に変更された。

位牌堂にある十一面観世音菩薩像

宇和島市最古の文学碑「寶篋塔《ほうきょうとう》」

除災招福大観音像（十一面観世音菩薩像）

龍光院は高台にあり、見晴らしがよく、目の前に宇和島城を臨む。この宇和島城の鬼門除けのために建立されたらしく、江戸時代には宇和島藩伊達家の祈願所にもなった。

裏山の墓所の奥には白くて大きな除災招福大観音像（十一面観世音菩薩像）が安置されている。平成2（1990）年に中国から勧請《かんじょう》（神仏の分身・分霊を他の土地に移すこと）された像で、台座は雲座、手にはハスの花を刺した水瓶と、地蔵菩薩がもつ錫杖《しゃくじょう》という杖を持つ。当寺の秘仏ご本尊と同じ姿をされているらしい。脇侍に不動明王と毘沙門天像、足元には6体の地蔵菩薩が囲うように外側を向いて立っておられる。

本堂からここへ続く道は、新四国百八ヶ

本尊・十一面観世音菩薩の霊木御影

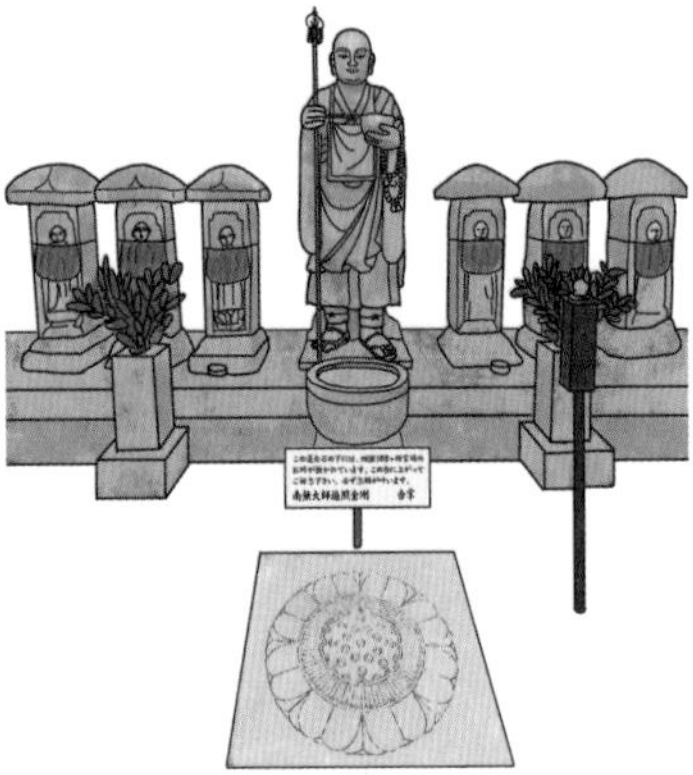

修行弘法大師像と六地蔵像

所霊場（四国八十八ヶ所霊場＋四国別格二十霊場＝百八）の本尊の石像が並べられ、歩いて巡ることができる。境内の稲荷大明神の横に立っている修行弘法大師像と六地蔵像の石像の前にも、新四国百八ヶ所霊場のお砂が埋まった石板があり、上に立つと百八ヶ所分を巡ったのと同じご利益が得られるそうだ。

御朱印

境内図

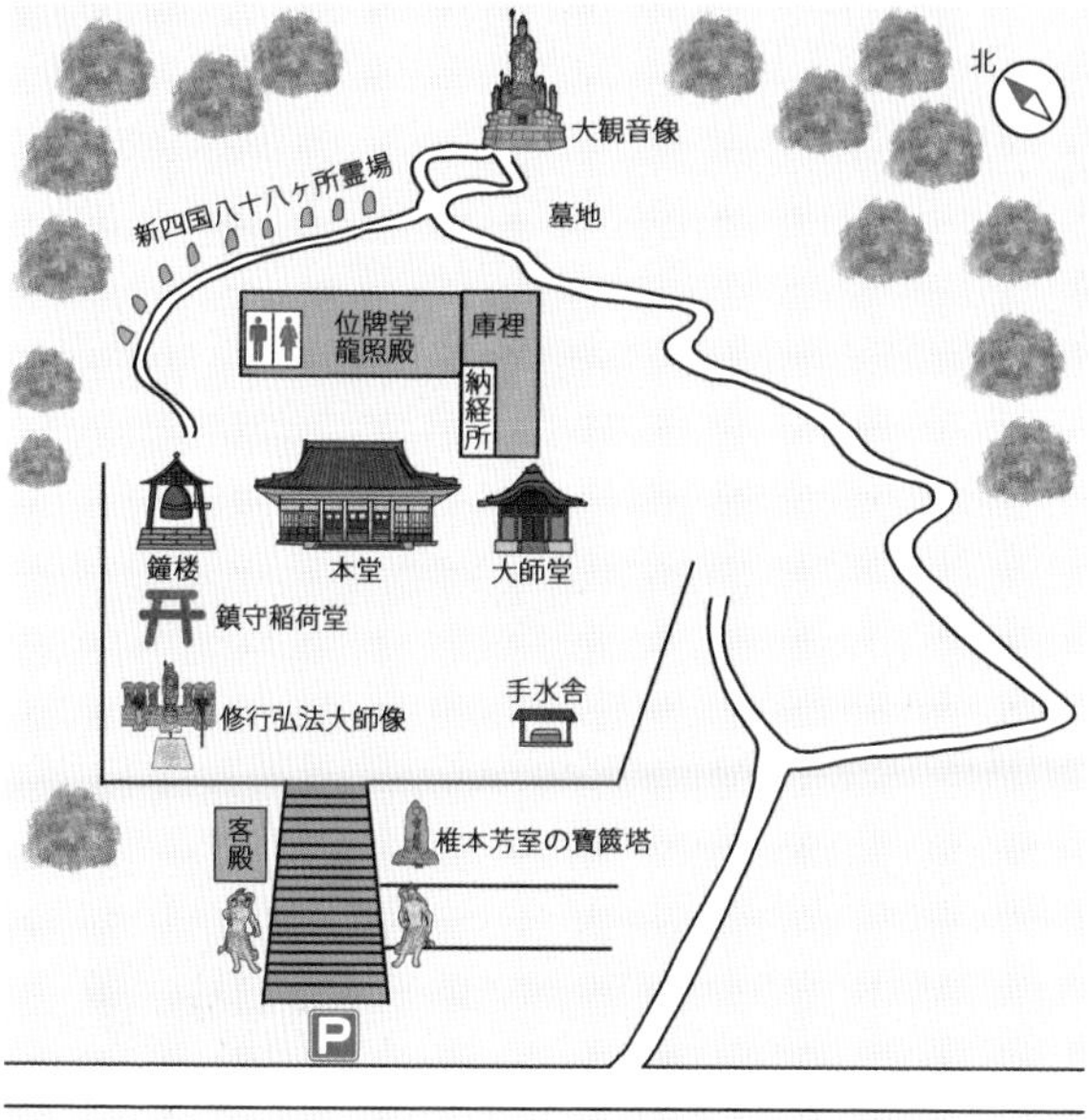

御詠歌

みめぐみの
杖をたよりに
有為の山
越えてくもらぬ
月を見るかな

弘法大師の教えを拠り処として現実世界の困難を乗り越えた時には、曇り無く輝く月のような自分自身の悟りの心を見ることができるであろう

本尊　十一面観世音菩薩

真言　オンマカ　キャロニキャ　ソワカ

開山　栄《えい》瑜《ゆ》上《しょう》人《にん》

宗派　高野山真言宗

住　〒798-0036
愛媛県宇和島市天神町1-1

☎ 0895-22-0527

宿　近くに施設有り

駐　普通車10台、バス2台駐車可

アクセス
松山自動車道「宇和島朝日IC」から約5分

第 七 番

札所

出石寺

しゅっせきじ

雪の中で修行に励む空海と、お手引きの鹿

出石寺の空海伝説「地中で大切に保管されるご本尊」

空海が24歳の時に書いた著書『三教指帰《さんごうしいき》』の中に「或る時は金巌《きんがん》で、雪に遇って坎壈《かんらん》(困った)たり」とある。この「金巌」が出石寺と考えられ、若き日の空海は雪が積もるこの地で修行したと伝えられている。

そもそも出石寺の開創は養老2(718)年。猟師の作右衛門《さくえもん》が1匹の鹿を射殺しようとしたところ、突然振動が起こり目の前の鹿が消え、足下の岩が真っ二つに割れて、金色の光とともに千手観音菩薩と地蔵菩薩が現れた。

その様子を目の当たりにした作右衛門は、これは御仏の思し召しだと考え、生き物を狩って殺す猟師の職業を悔い改め、仏道に入って「道教」と名乗ったそう。そして、これらの仏像を本尊として出石寺と名付けたお寺を開山した。

後に空海が当寺を訪れた際、本尊が粗末に扱われないよう地中に埋めて見えないようにしたらしく、現在も埋まったままにされている。開帳は50年に一度で、近々では平成29(2017)年に本堂の床を開いたが、仏像の形は認識できなかった。埋められた本尊は、もはや地球と一体化してしまったのかもしれない。

弘法大師像

清涼寺式の釈迦如来像

地中に埋まる本尊とは別に、本堂の中に秘仏の千手観音菩薩が祀られている。ちなみに千手観音菩薩と一緒に出現した地蔵菩薩は、千手観音菩薩の胎内に入っているそう。どおりで姿が見えないはずだ。

一般的に、千手観音菩薩の脇には明王や天の像が祀られるが、この寺は珍しく阿弥陀如来《あみだにょらい》と釈迦《しゃか》如来《にょらい》が祀られている。

釈迦如来はヘアスタイルがパンチパーマのような螺髪《らほつ》ではなく縄のように渦を巻き、衣は両肩を覆った通肩《つうけん》タイプの清涼寺《せいりょうじ》式。清涼寺式の釈迦如来像は立像がほとんどで、座っているお像はとても珍しく貴重なので、仏像好きとしては拝観できたことがとても嬉しく興奮してしまった。

普段は扉が閉まっているが、1月3日と、3月

寿老人像《じゅろうじんぞう》

お手引きの鹿像

15日、5月8日、4月17日、6月15日、7月17日、8月9日、8月17日、9月3日、11月3日は、ご本尊がご開帳のため、如来坐像も遠目に拝観できるそうだ。ぜひ、また拝観に伺いたい。

当寺は出石山の山頂（812m）にあり見晴らしがいい。ただその分、別格二十霊場の中でも1、2を争う難所で、道中は対向車がすれ違えないほど狭く慎重な運転が必要だ。

広々とした境内は自然林におおわれ、あちこちで鳥がさえずり、とても幻想的。山道にはたくさんの紫陽花が植えられ、瀬戸内海国立公園に指定された名勝地でもある。ちょうど大洲《おおず》市《し》と八幡浜《やわたはま》市《し》の境目にあたり、境内地を歩くと境界線の釘が打たれているのが分かる。

これまで何度か火災に遭い、昭和16（1941）

年の大火で伽藍が焼失したが、昭和31（1956）年に復興し、今も地元の人から「おいづしさん」との名で親しまれている。

山門を入ると護摩堂があり、豊臣秀吉の朝鮮出兵で武将・藤堂高虎《とうどうたかとら》が持ち帰ったとされる、銅鐘（国の重要文化財、朝鮮鐘と呼ばれる）が吊るされている。

また、大師堂の前には復興塔、牛像、作右衛門の入門のきっかけとなったお手引《てび》きの鹿の像があり、中に入ると鹿をつれた寿老人像が祀られている。私も作右衛門のように鹿に導かれて新たな仏像に出会いたいものだ。

本尊・千手観音菩薩の霊木御影

御朱印

境内図

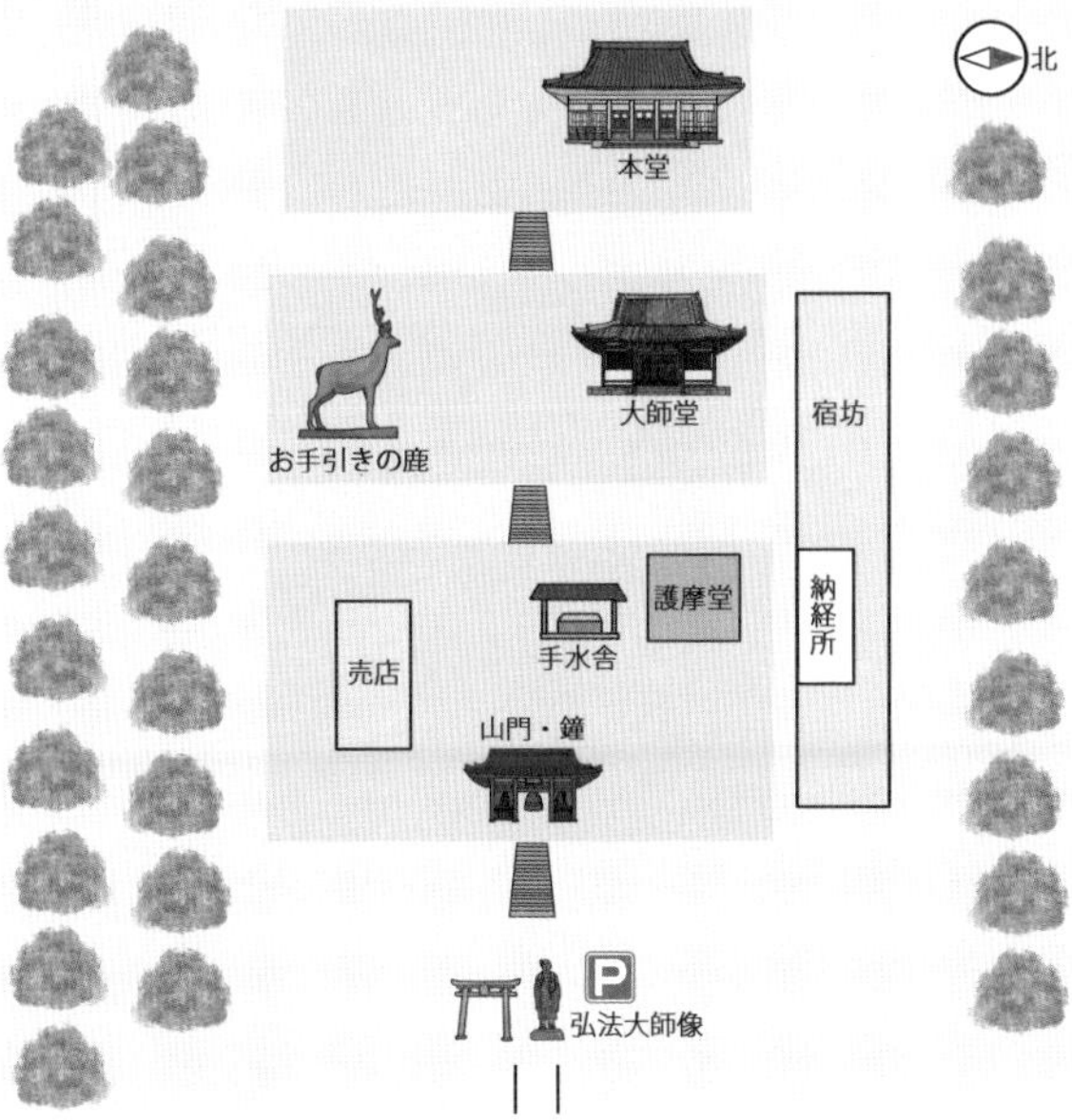

御詠歌

くもりなき
二名の島の
金山に
みのりの光
かがやくを見よ

四国の霊峰、金山出石寺にて御仏様たちのありがたい教えに出会えたならば、誰もが導かれ救われるであろう

本尊　千手観音菩薩

真言　オンバザラ　タラマ　キリク

開山　道教《どうきょう》法師《ほうし》

宗派　真言宗御室派

住 〒799-3462
愛媛県大洲市豊茂乙1

☎ 0893-57-0011

宿 約150人（要早期相談）

駐 普通車100台、バス20台駐車可

アクセス
松山自動車道「大洲IC」から約50分

第八番

札所

十夜ヶ橋（永徳寺《えいとくじ》）

とよがはし

菜の花が咲く頃、十夜ヶ橋の上に立つ空海とその下に横たわる空海

十夜ヶ橋の空海伝説「お遍路ルール誕生のきっかけとなった、橋の下での野宿」

「橋の上で杖をついてはいけない」というお遍路のルールをご存じの人も多いのでは？その由来となった空海の野宿伝説がこの札所に伝わっている。

空海が四国を巡っていた時のこと。日が暮れたので宿を借りようとしたが、泊めてくれる家がなかったため、やむなく橋の下で一夜を過ごした。

この時、空海は、日々の暮らしに追われ悟る間もない民の姿を思い、「悟りの世界へ導き、心安らかな日々を送ってもらうにはどうしたらいいか」と思いを巡らせ、思案のあまり、たった一夜の野宿が、まるで十夜にも感じたそう。それを歌に詠んで残したという。

橋の上でのお遍路のルールと「十夜ヶ橋」の名前は、ここからきたもので、迷える私たちを救おうと考えながら束の間の安眠をとる空海にとって、杖をコツコツ叩く音が妨害になるからだ。

そんなエピソードを聞いて橋の下を覗くと、空海の石像（野宿大師像）が2体横たわっていた。それも、1体は真新しい布団が幾重にも掛けられている。これは「お加持《かじ》ふとん」と言って、病気平癒《へいゆ》や心身健康など願いごとがある人、あるいは叶った人が布団を作って

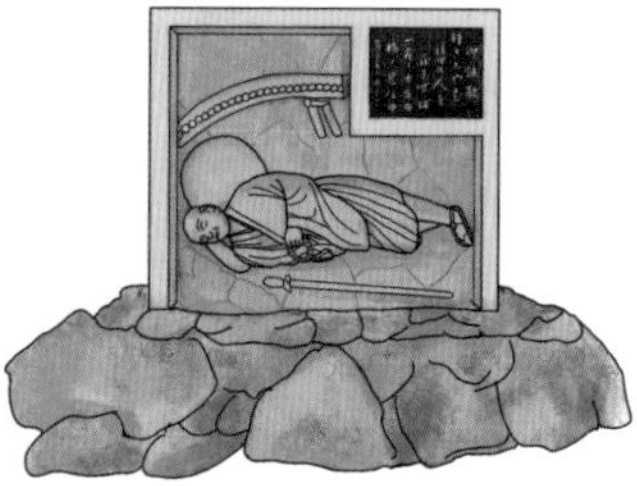

橋の下の、もう1体の野宿大師像

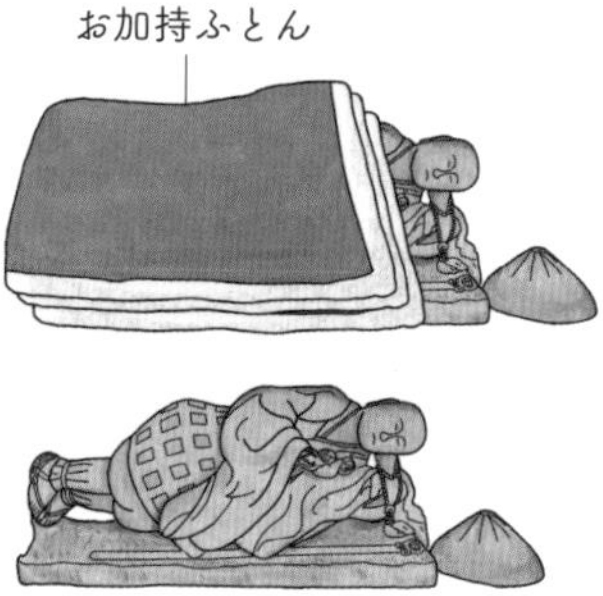

橋の下の野宿大師像

被せていくもの。たくさんのお布団に埋まってお姿がよく見えないほどだ。

もう1体は、涅槃仏《ねはんぶつ》（お釈迦様が亡くなった時のお姿）のように右脇を下に横たわっている。野宿大師像は本来、左脇を下に眠られるので、この像は手違いで右脇が下になってしまったらしい。

橋の下は、修行として国内で唯一野宿が認められている場所で、十夜ヶ橋の納経所では、頼めばござを貸してもらえる。

実際に十夜ヶ橋を歩くと、日々忙しく過ごしてしまい、悟りを得るためにゆっくり考える時間のない自分を顧みるばかり。戒めも込めて「もっと穏やかな日常が過ごせないものか」と反省した。

本尊・弥勒菩薩

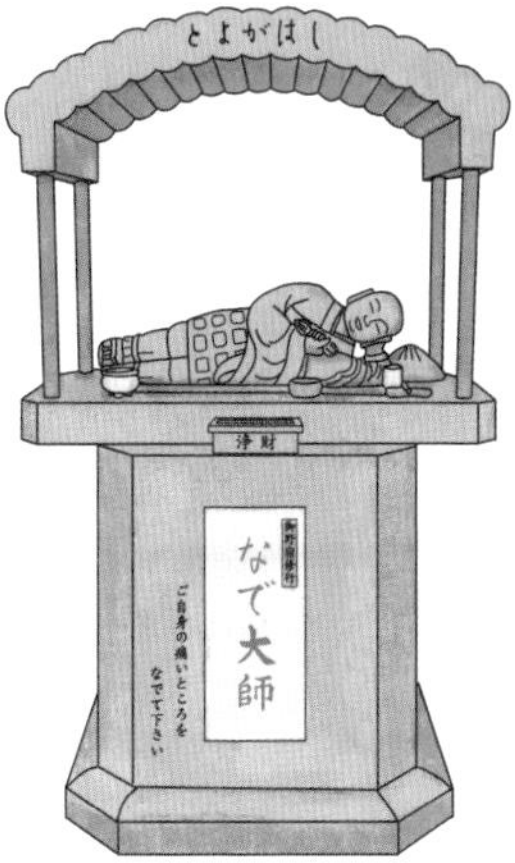

なで大師像

境内地は十夜ヶ橋のすぐ横にあり、以前は駐車場からすぐの場所に本堂があった。しかし、平成30（2018）年7月7日に発生した台風7号によって境内が水没し取り壊されたため、現在は境内の奥に仮の本堂、兼納経所が建てられ、本堂再建のための寄付を募っている。（令和5年2月現在）。1万円以上寄付すると、手のひらサイズの野宿大師像に名前を入れて本堂に祀っていただけるらしい。一日も早く本堂が復興されることを祈るばかりだ。

大師堂には、この時の水害の規模が分かるよう、扉に水没した高さを示すしるしが貼られている。建物の前には、横たわったなで大師像という石像があり、中に入ると、橋の上に立つ弘法大師像とその前にもう1体、横たわる弘法大師像が祀られている。

ちなみに十夜ヶ橋は通称で、寺号は永徳寺という。愛媛県大洲市徳森にも正法山永徳寺という寺があり、十夜ヶ橋永徳寺はその飛び地境内にあたる。カーナビに「永徳寺」と入力すると、正法山永徳寺が出ることがあるので注意しよう。

野宿大師の霊木御影

御朱印

境内図

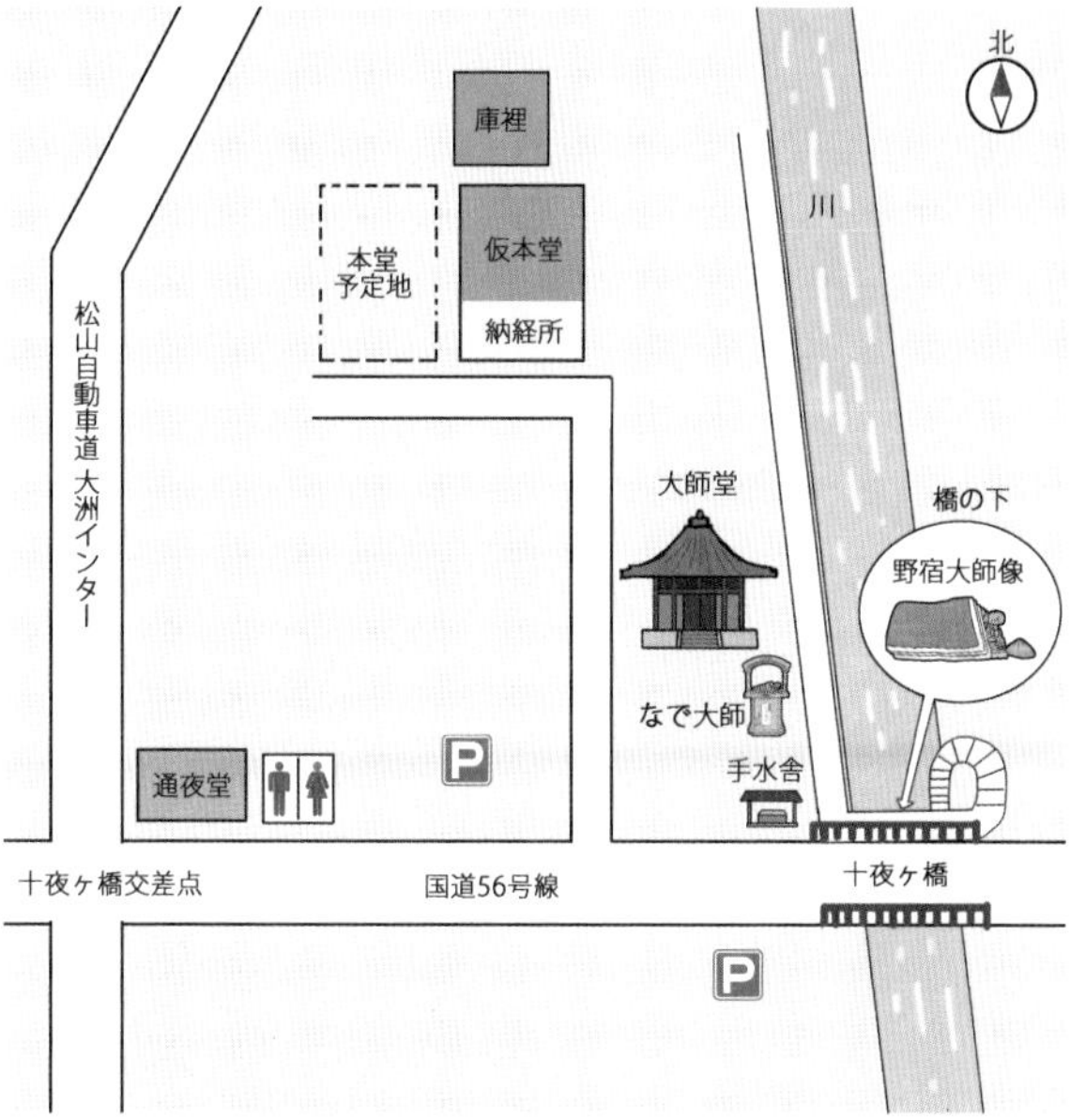

御詠歌

ゆきなやむ
浮き世の人を
渡さずば
一夜も十夜の
橋と思ほゆ

生きることに苦しむ人々をいかにして救い導けるのかと思い悩んでいると、答えが見つからず橋の下で休む一夜が十夜ほど長く感じる明けない夜であった

本尊　弥勒菩薩

真言　オンマカ　マイタレイヤ　ソワカ

開山　弘法大師

宗派　真言宗御室派

住 〒795-0064
愛媛県大洲市東大洲1808

☎ 0893-25-2530

宿 近くに施設有り

駐 普通車20台、バス5台駐車可

アクセス

宇和島方面からは大洲道路「大洲北IC」から約5分。松山方面からは松山自動車道「大洲IC」から約2分

第九番

札所

文殊院

もんじゅいん

ようやく空海との再会を果たし、涙ながらに謝罪する衛門三郎

文殊院の空海伝説 「空海の姿を追い求め、四国遍路が誕生

平安時代、空海がこの地を巡っていると、急に子どもが現れ、「因果の道理を無視する誤った考えの人を良い方向へ導き参拝させなさい」と告げて消えた。

その夜、空海が徳盛寺《とくじょうじ》という寺に泊まると、そこの文殊菩薩が先ほどの子どもに非常に似ておられるので「あれは文殊菩薩《もんじゅぼさつ》のお告げだ!」と悟ったという。以来、徳盛寺は「文殊院」と呼ばれるようになった。

空海はその言葉を受けて教えを広めて歩き、ある屋敷の門前で托鉢《たくはつ》(鉢を差し出し米や野菜を乞うこと)を行った。しかし、そこは強欲で無慈悲な豪農・河野衛門三郎《えもんさぶろう》の家で、すぐに追い返されてしまった。その後も空海は連日姿を見せたが、衛門三郎は全く相手にせず、ついに8日目、空海の鉢を地面に叩きつけ8つに割ってしまったのだ。

それからと言うもの、衛門三郎の8人の子どもたちは毎日1人ずつ亡くなりついに誰もいなくなった。これには、衛門三郎も悲しみに打ちひしがれ、空海に直接会って謝ろうと文殊院を訪ねた。だが、すでに旅立った後だったため、空海を追って巡拝を始めたそう。これが、四国遍路の起源である。なおこの時、もし空海が戻ってきた時のことを考え、自

分が参拝したことが分かるよう小さな紙に名前と住所、日にちを書いて文殊院に貼ったことが、納め札（セバ札）の始まりだと見られている。

一方、空海は、衛門三郎を改心させるためとはいえ、子どもたちにかわいそうなことをしたと、山のふもとから土を飛ばして8つの塚を造って供養した。ちなみに、この8つの塚は周辺の土と種類が異なるため、「土を飛ばした」という伝承と話が一致している。

その後、衛門三郎は20周目を終えてもなかなか空海に会うことができずにいたが、21回目に逆回りしてようやく会うことができた。しかしその時、すでに衛門三郎は長旅の疲労で瀕死の状態。「河野家を再生したい」と最後の願いを伝えると、空海はそれを聞き入れ左手に「衛門三郎再来」と書いた石を握らせた。

衛門三郎が亡くなった後、空海は文殊院で因縁切りの修法をして罪を浄化消滅させたため、文殊院では今も毎月24日に「因縁切護摩祈禱《いんねんきりごまきとう》」が行われている。

なお河野家には、その翌年、「衛門三郎再来」の石を握った男子が誕生し「生まれ変わりだ」と喜ばれた。この子は成長して伊予の国主になり善政を行ったという。

現在の文殊院がある場所は、衛門三郎の邸宅があった場所で「四国遍路の始まりの地」とも言える重要な場所だ。

毘沙門堂の毘沙門像

修行大師像

衛門三郎と妻の石像

境内には大きな白い空海の石像・修行大師像と、横に衛門三郎と妻の石像が安置されている。本尊の文殊菩薩や大師堂の大師像は秘仏で毘沙門堂には毘沙門天像が祀られている。

境内地から歩いて約5分のところに、衛門三郎の子の8つの墓といわれる小山がある。ぽっこりと盛り上がり古墳のようだと思っていたら、松山市指定記念物の史跡で八《や》ツ塚群《つづかぐん》集古墳《しゅうこふん》という名前が付いている。てっぺんに小さな祠《ほこら》があり、石地蔵が祀られている。8つはバラバラに点在し、なかには民家の奥まった場所にあるものもあり全て見つけるのは難しい。

衛門三郎伝説と古墳については、学術的に

本尊・文殊菩薩の霊木御影

八ツ塚

まだ調査研究が必要なようだが、１２００年以上前の物語がこの地域に伝わっていることは確かな事実である。

物語の現場に身を置くことで、それを後世につなぐクリエイターとしての使命と責任を感じないではいられなかった。

御朱印

境内図

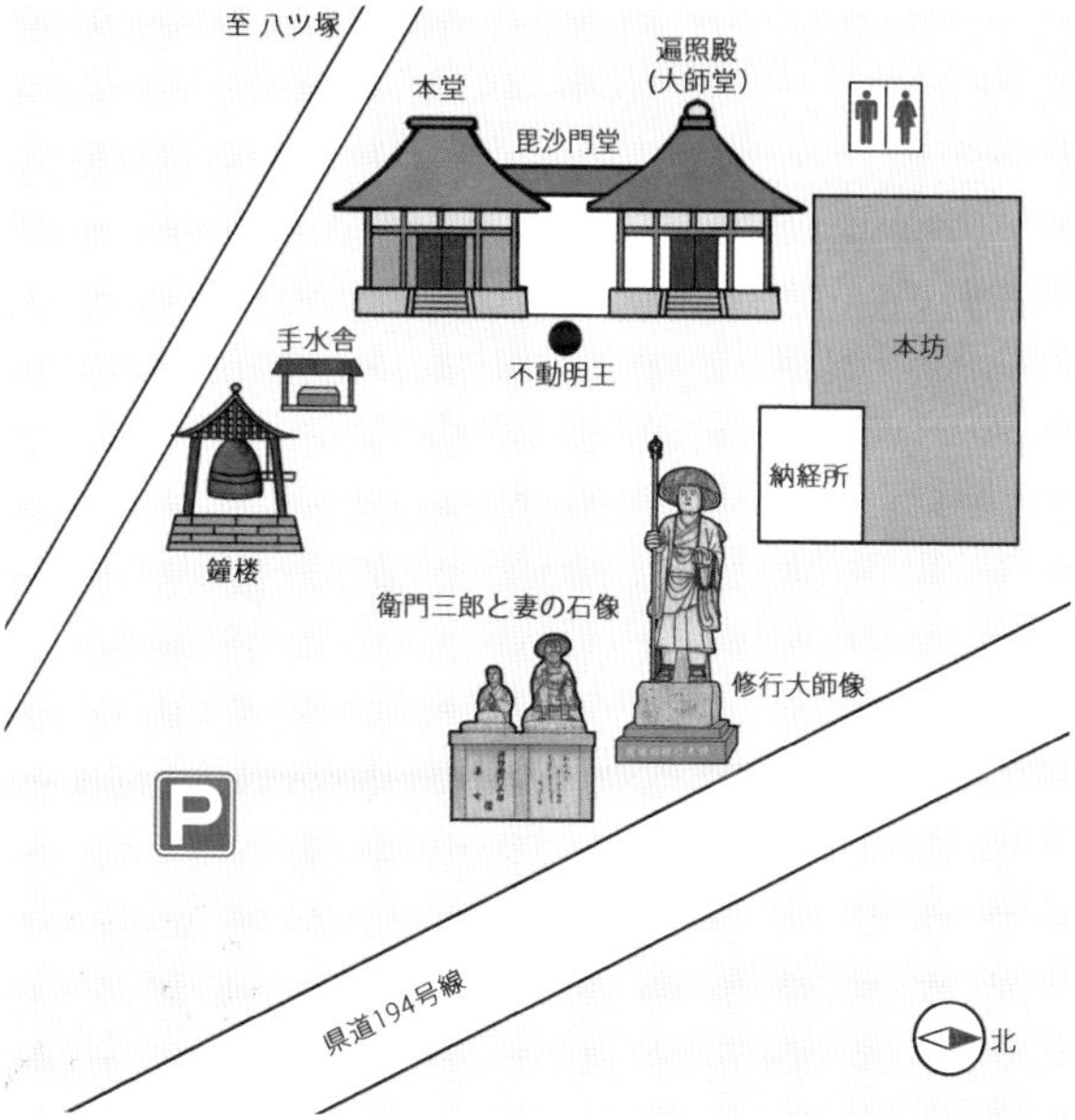

御詠歌

われ人を
すくわんための
先だつに
みちびきたまう
衛門三郎

我々は人々を正しく導き苦悩から救うための先達であり、その教えの見本となるための衛門三郎である

本尊　地蔵菩薩　文殊菩薩

真言　オン　カカカ　ビサンマエイ　ソワカ

開山　弘法大師

宗派　真言宗醍醐派

住 〒791-1134
愛媛県松山市恵原町308

☎ 089-963-1960
089-963-0288

宿 近くに宿泊施設有り

駐 普通車50台、バス10台駐車可

アクセス
松山自動車道「松山IC」から約15分。または「川内IC」から約20分

第 十 番

札所

西山興隆寺

にしやまこうりゅうじ

橋のたもとで紅葉の美しさを歌に詠む空海。当寺は子宝や安産にご利益がある

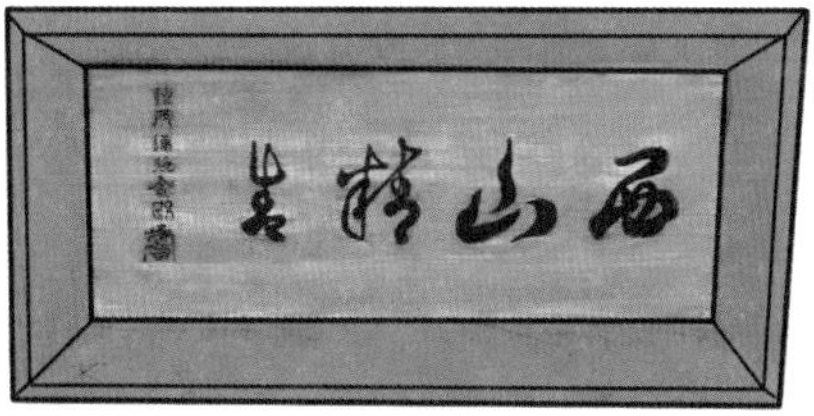

「西山精舎」の扁額

紅葉の名所として知られ、「もみじの寺」とも呼ばれる当寺。この地を訪れた空海も、自然の織りなす美しい風景に心打たれ、清流にかかる御由流宜橋《みゆるぎばし》のたもとで御《ご》詠歌《えいか》を詠まれた。

その後、唐から戻り再びこの地を訪れた際、紅葉の美しさに改めて感嘆し同じく紅葉の名所である京都の西山にちなんで「西山精舎《にしやましょうじゃ》」と呼んだという。

境内にある勅使門《ちょくしもん》（天皇の意思を伝える使者が通行するための門）に掲げられている「西山精舎」と書かれた扁額《へんがく》は、空海によって書かれたものだと伝えられている。

紅葉の葉が、赤ちゃんの手のひらを連想させることから、当寺は子宝や安産、子どもの健康、成長にご利益があるそうだ。

寺伝によると、当寺はもともと皇極元（642）年に空鉢上人《からはちしょうにん》（法道仙人《ほうどうせんにん》）によって創建された。その後、行基が千手観音菩薩像を彫って本尊とし、奈良時代になると空海や僧・報恩大師《ほうおんだいし》が入山。桓武《かんむ》天皇の時代には、国家鎮護・皇室繁栄などを願う祈願寺とされた。

迦楼羅《かるら》王像（二十八部衆）

宝篋印塔

鎌倉時代以降は、源頼朝や歴代の松山藩主、小松藩主ら地元の有力者にも尊崇され、今でも数多くの文化財が残り、広い境内地には立派なお堂が建っている。

なかでも本堂は、文中4（1375）年の建立で国の重要文化財。残念ながら普段は扉が閉まっているのでお姿を拝することはできないが、中には本尊の千手観音菩薩、脇侍の地蔵菩薩と不動明王、千手観音菩薩に従う眷属《けんぞく》（従者）の二十八部衆が祀られている。

また宝聚殿《ほうじゅでん》（宝物館）は、例年秋季の特別展示の時のみ開かれ、所蔵する寺宝を拝観す

御由流宜橋

ることができる。

本堂の側には、源頼朝の供養塔と伝わる宝《ほう》篋印塔《きょういんとう》（国の重要文化財）や三重塔（県指定文化財）もある。

御由流宜橋の橋板の裏には、唱えると全ての災いを取り除く光明真言の梵字が書かれている。現在の梵字は2002（平成14）年の修復時、当寺のご住職が書かれたそうだ。この御由流宜橋を渡り、本堂のある境内に辿り着くまでの石段は、結構長くて辛い。

石段を進むと立派な山門（仁王門）があり、さらに進むと石段の横に苔むした「牛石《うしいし》」という石がある。源頼朝が本堂を再建する際、材料を運搬していた牛がこの地に倒れて亡くなったため人々は姿のよく似た石に草を差し

牛石

込み牛の労をねぎらったという。

　西山興隆寺は、現在も紅葉の名所として有名で、毎年11月の第3日曜に「紅葉まつり」が行われる。また春にはソメイヨシノやシダレザクも咲き、四季の美しさも感じられる。空海だけでなく、行基や源頼朝など名だたる人物にゆかりがあり、景色や宝物など見所がたくさんあるお寺だ。私も名だたる人物になりたいと密かに願いながら参拝した。

本尊・千手観音菩薩の霊木御影

御朱印

境内図

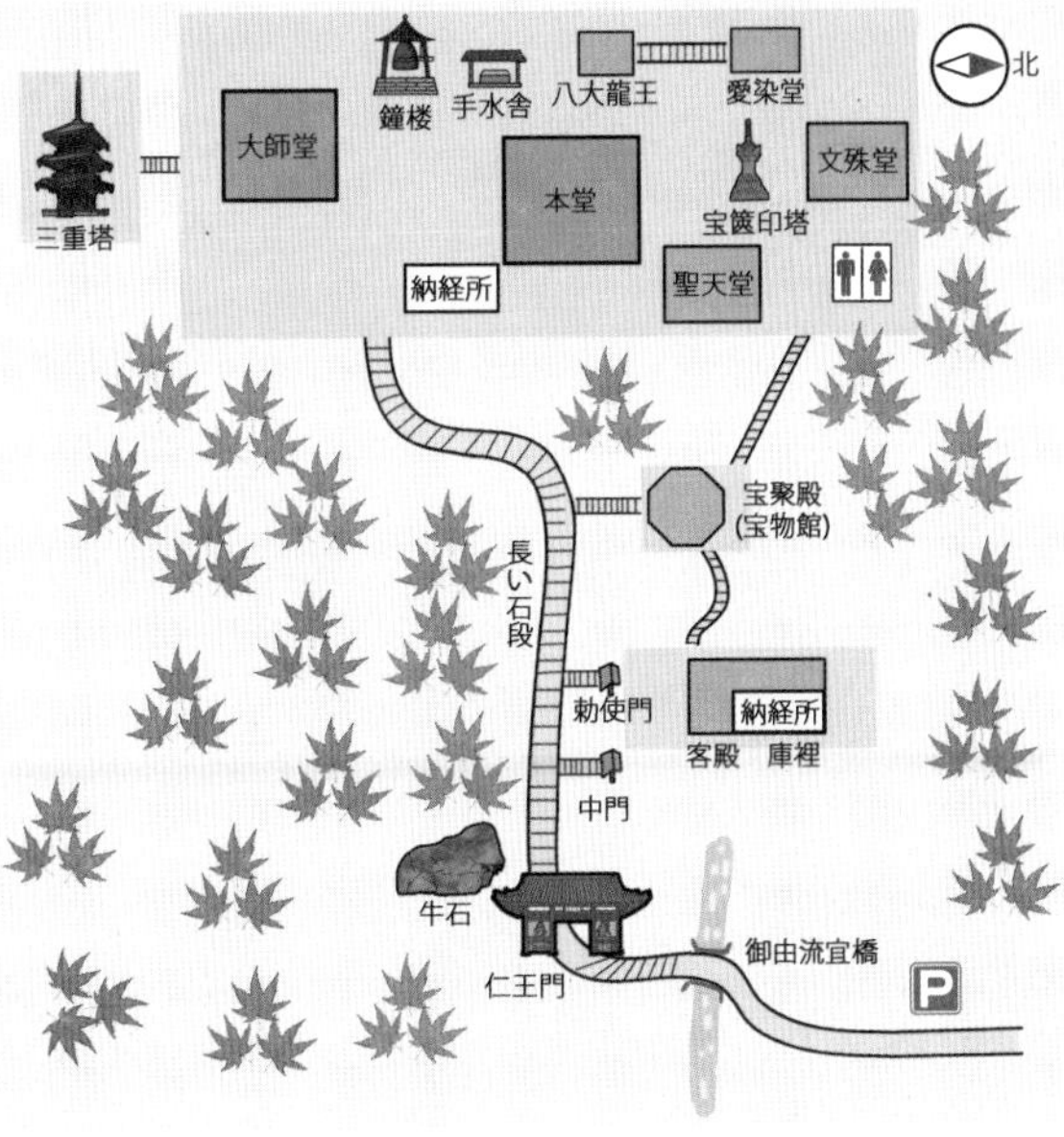

御詠歌

みほとけの
のりのみやまの
のりのみず
ながれもきよく
みゆるぎのはし

御仏の慈悲の山から流れ出る清らかな水、その清らかな川にかかる御由流宜橋は無明から光明への架け橋である

本尊　千手観音菩薩

真言　オン　バザラ　タラマ　キリク

開山　空鉢上人《からはちしょうにん》

宗派　真言宗醍醐派

住 〒791-0505
愛媛県西条市丹原町古田1657

☎ 0898-68-7275

宿 現在は宿泊対応なし

駐 普通車200台駐車可

アクセス
松山自動車道「いよ小松IC」から約15分

第十一番

札所

生木地蔵（正善寺《しょうぜんし》）

いききじぞう

空海はお告げのまま、夜を徹して楠の大木を彫った

生木地蔵の空海伝説「片耳を彫り残した、耳欠け地蔵」

伝承によると、空海が愛媛県の四尾山《しぶやま》のふもとで一夜を過ごしている時、山の南方が輝き、楠の前に子どもが現れて「お地蔵様を彫って人々を助けてほしい」と言った。

空海はこれを「仏様が子どもの姿になってお出ましになったに違いない」と思い、言われた通り、夜を徹して懸命に楠の大木に延命地蔵菩薩《えんめいじぞうぼさつ》を彫った。いよいよ、あともう少しで完成というところまできた時、あろうことか、天邪鬼《あまのじゃく》が朝を知らせる鶏の鳴き真似をして邪魔をしてきたのだ。空海はその鳴き声を信じ、「あぁついに夜が明けてしまった」と、仕方なく片耳を彫り残したまま立ち去った。

この伝説から、延命地蔵菩薩は「耳欠け地蔵」とも呼ばれ、特に耳の病にご利益があるとされる。また、大地に生えたままの状態、すなわち、生きたままの大木に延命地蔵菩薩を彫ったので「生木地《いききじ》

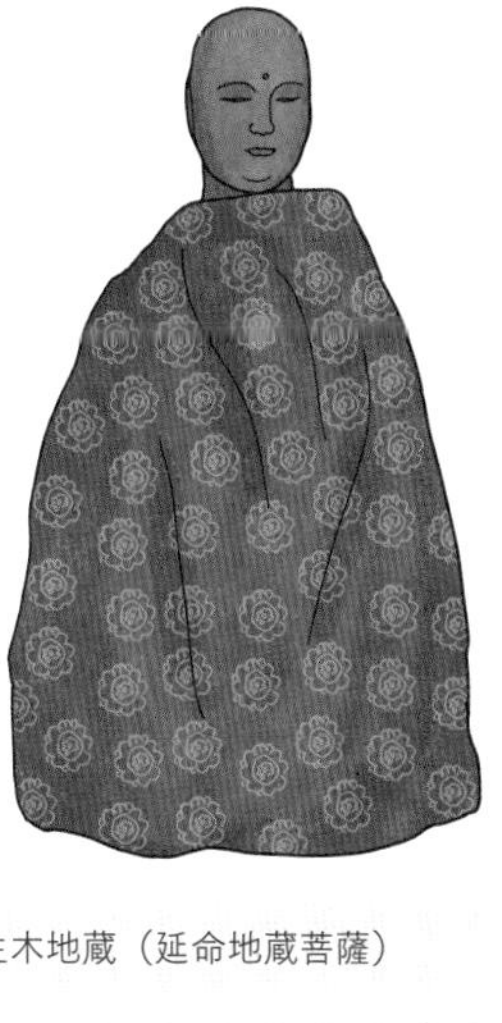

生木地蔵（延命地蔵菩薩）

蔵《ぞう》」と呼ばれるようになった。

各地の空海伝説を見ると、一夜にして建物を建立した、もしくは建立しようとしたという逸話がいくつかある。一般人には到底無理な話だが、たぶん空海の偉大なお力を表しているのだろう。とにかく、人々を救うおうと空海が一生懸命彫ってくださったことは非常にありがたいことだ。

神様のおわす四尾山で空海が霊告を得て彫った生木地蔵菩薩。そう考えると、すごいパワーが得られそうな気がした。


空海が、延命地蔵菩薩を彫られた楠の霊木は、残念ながら昭和29（１９５４）年の洞爺《とうや》丸台風《まるたいふう》の被害によって根元から倒れてしまった。延命地蔵菩薩は無事だったので現在も本尊として本堂に祀られているが、霊木は境内地に眠るように横たわり、参拝時に眺めることができる。周囲はおよそ９～10ｍ、樹齢１２００年と推定される。

この楠の霊木の隣には、江戸時代に奉納された南無阿弥陀佛《なむあみだぶつ》と彫られた三角形の雨乞石《あまごいいし》がある。慶長年間（１５９６～１６１５）の大干ばつの時、この石に祈願すると大雨に恵ま

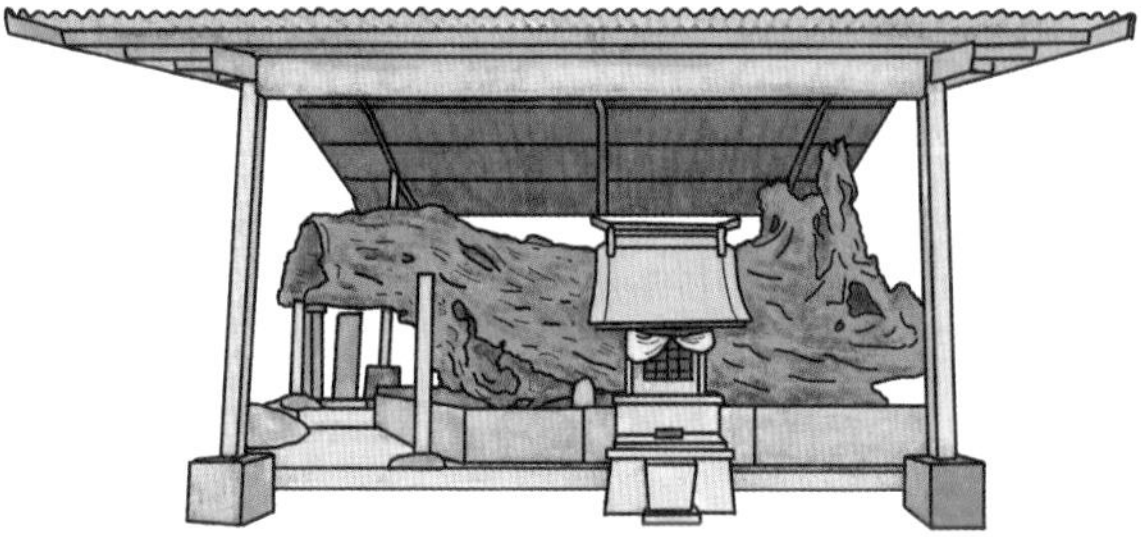

生木地蔵が彫られた楠の霊木

れたそうだ。

生木地蔵の裏には、標高約60ｍの四尾山《しぶやま》があり、山頂には、かつてこのあたり一帯を治めた豪族・今井三郎右衛門信が築城した福岡城があった。

この福岡城の城跡には福岡八幡神社が祀られている。古くからこの周辺の神として崇められ、石清水八幡神社の別宮を合祀した後、武将の崇敬を受けるようになった。鎌倉時代に入り源頼朝がこれを神領として認めると、戦国時代に四国に攻め入った豊臣秀吉が聖地とし、江戸時代には歴代の松山藩主が

雨乞石

庇護《ひご》したという。生木地蔵の左脇の鳥居をくぐり１３７段の石段を登ると、この城跡にたどり着く。

生木地蔵の寺号は「正善寺」というが、同じ名の付く場所がもう１つある。生木地蔵から少し離れたところにある正善寺本坊だ。間違う可能性があるので、カーナビで検索する時はご注意を。

それと、生木地蔵は道路からやや奥まっていて見つけづらい。私も思わず通り過ぎてしまったので、付近に来たらよく確認してほしい。

本尊・生木地蔵菩薩の霊木御影

御朱印

境内図

本尊　生木地蔵菩薩

真言　オン　カカカ　ビサンマエイ　ソワカ

開山　弘法大師

宗派　高野山真言宗

御詠歌

一夜にて
願いを立つる
みこころは
幾代かはらぬ
楠のみどりば

青葉のしげる楠に一夜の中に彫られた生き木の地蔵尊は、永久かわらず人々をお救いくださる弘法大師のお誓いである

住 〒791-0503
愛媛県西条市丹原町高松248-1

☎ 0898-68-7371

宿 なし

駐 普通車10台、バス2台駐車可

アクセス
松山自動車道「いよ小松IC」から約10分

第十二番

札所

延命寺

えんめいじ

空海は、足の不自由な人に霊力を込めた千枚通しを授けた

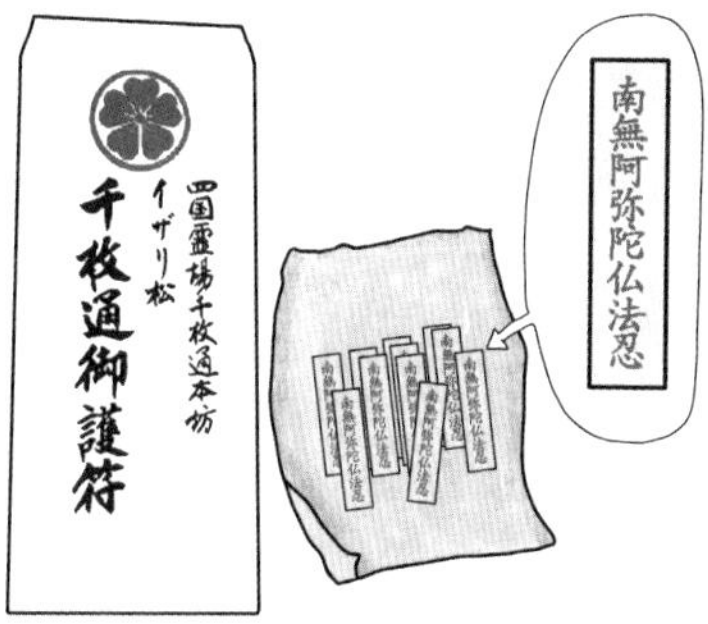

千枚通し

平安時代前期、室戸の石鎚山《いしづちさん》で修行をされていた空海が讃岐に帰る途中にこの地に立ち寄り、人々の救済を誓って松を植えたそう。その時に松のあたりに足の不自由な人がいたので、霊力を込めて「千枚通し」という霊符を作った。

これは、空海が唐に渡る前の若き修行時代のこと。「千枚通し」とは「南無阿弥陀仏」と書かれた極薄の小さな紙で、版木に書かれた文字がその下に重ねられた千枚分の紙に写ったことからその名前が付けられた。

「南無阿弥陀仏」の「南無」とは、「信じて従います」を意味する。空海がお札を1枚水に浮かべて飲ませると、足は瞬く間に全快した。その人は深く感動し、空海から僧侶となるための出家の儀式を受けて「法忍《ほうにん》」と名乗り、この地で千枚通しの霊符を継承した。

現在も、この千枚通しの霊符は納経所で授与されている。朝夕1枚ずつお水や白湯に浮かべ「南無大師遍照金剛《なむだいしへんじょうこんごう》」と唱えながら飲み込むと、病気平癒や安産に効果があると言われている。「遍照金剛」とは空海のことで、唐で恵果和尚《けいかかしょう》から授けられた名前だ。私も購入して飲んでみると、水に馴染んでスッと飲みこむことができた。

この伝説から、延命寺は現在も「千枚通し本坊」の通称で親しまれている。


空海が植えたといわれる伝説の松は、明治時代に入ると、枝が東西に30m、南北に20mと傘状に広がり、地名の土居《どい》から「土居のいざり松」と呼ばれ有名になった。「いざり」とは 現在は差別語として使われないが、昔は足が不自由で立つことが困難な人や、膝や尻をつけたまま進むことを表す言葉として使われていた。この松が地を這うように低く枝を伸ばしていたことと、足の不自由な人がこの木の下で立てるようになったことから、このように呼ばれるようになった。

しかし、古木のため残念ながら昭和43（1968）年に枯れてしまい、その幹が今も屋根の下で保存されている。

枯れたいざり松の幹が横たわる周辺には、かつていざり松の枝を支えていた石柱がいくつも並ぶ。その数の多さから、支える棒がこんなに必要なほど大きな木だったのかと実感し、枯れる前に一度見てみたかったなと思う。その横に植えられた2代目のいざり松はまだそれほど大きくないが、いずれは初代くらい育つのだろうか。枯れたいざり松の幹の前で休憩していたら、空海からご利益

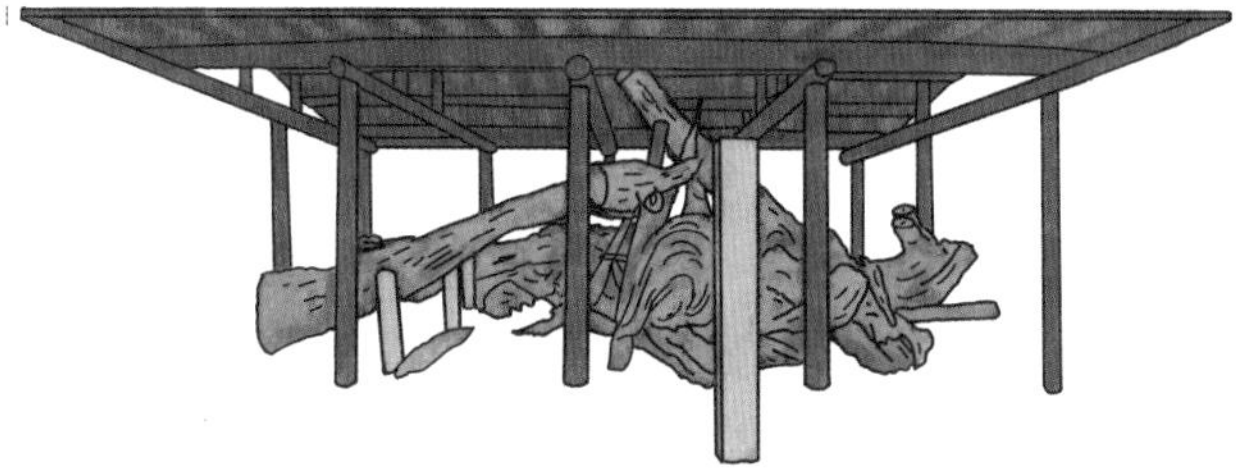

昔のいざり松

2代目いざり松

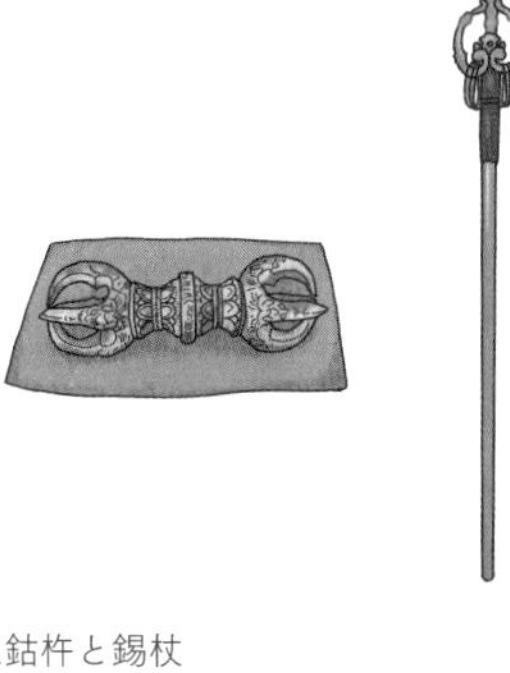

五鈷杵と錫杖

弘法大師の霊木御影

本尊・延命地蔵菩薩像

がいただけそうな気分になった。

当寺の大師堂には、弘法大師像が祀られている他、撫でてご利益がいただける五鈷杵《ごこしょ》や、修行者が携帯する錫杖《しゃくじょう》という杖が置かれ、少し遠いが外からお姿を拝むことができる。

一方、本堂に祀られている、片足を踏み下げた半跏坐《はんかざ》の延命地蔵菩薩はご本尊だが、秘仏のためお姿を見ることはできない。

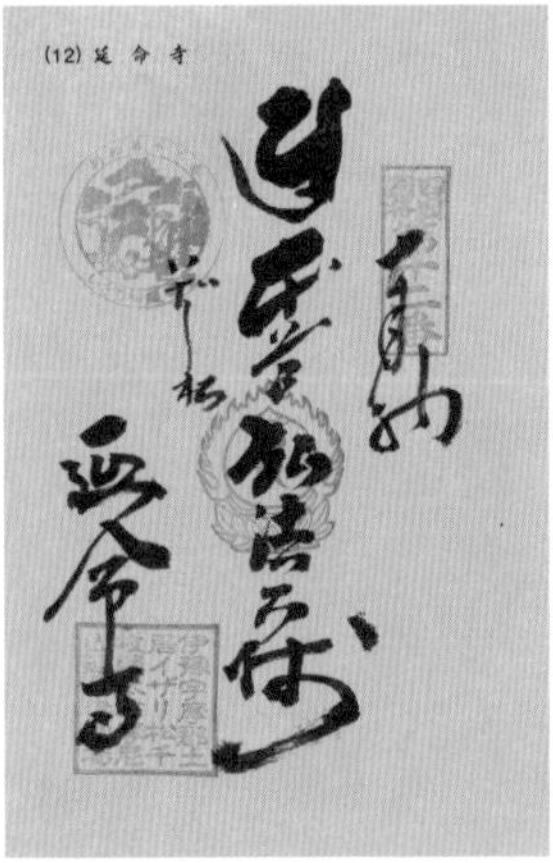

御朱印

境内図

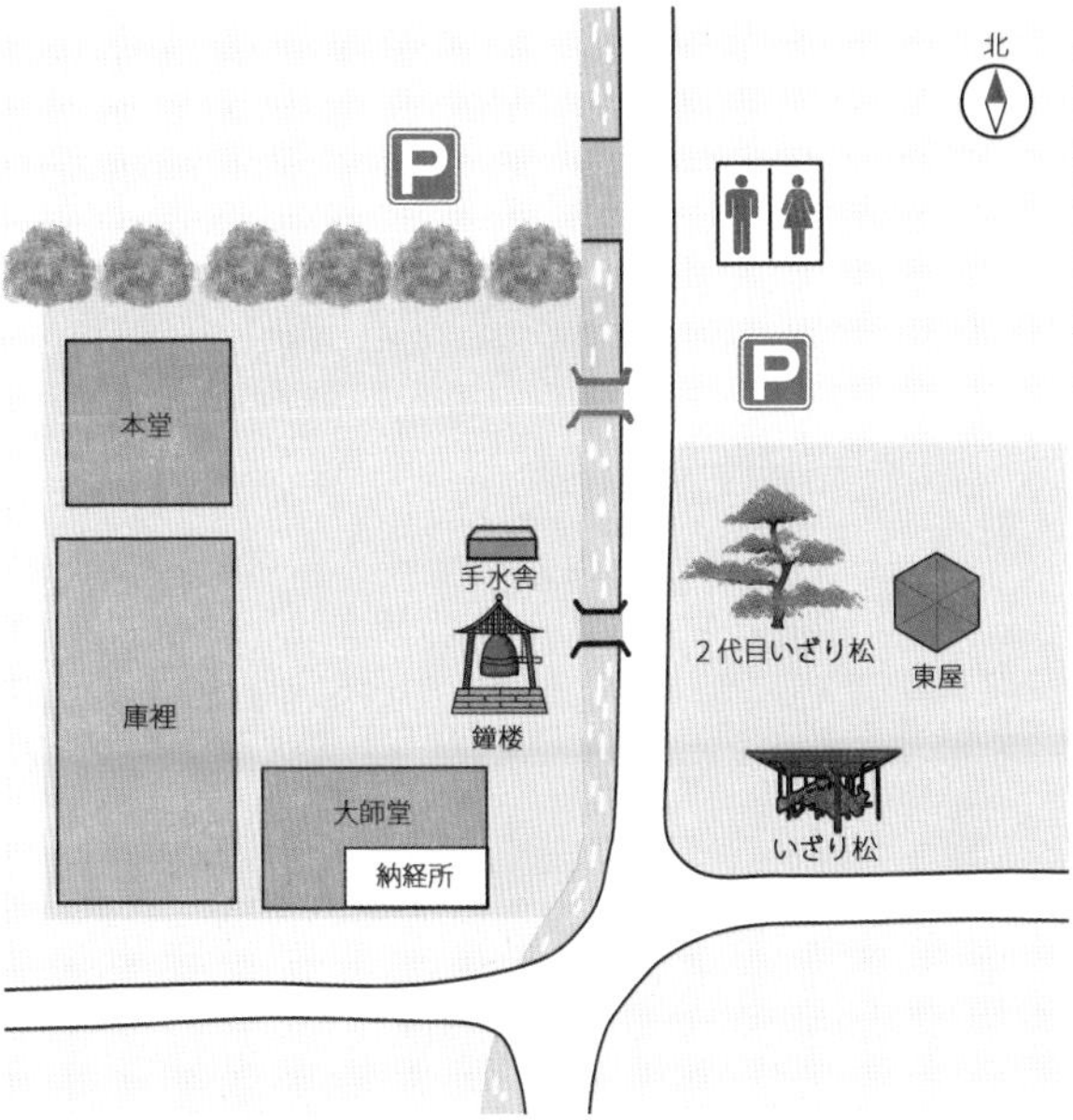

御詠歌

千代かけて
誓いの松の
ほとりこそ
なほありがたき
法の道かな

弘法大師がお植えになった松のほとりに立つと、ありがたいことにいつまでも変わらぬ深いお慈悲を感じられる

本尊　延命地蔵菩薩

真言　オン　カカカ　ビサンマエイ　ソワカ

開山　行基菩薩

宗派　真言宗御室派

住 〒799-0711
愛媛県四国中央市土居町土居895

☎ 0896-74-2339

宿 近くに宿泊施設有り

駐 普通車20台駐車可

アクセス
松山方面からは松山自動車道「新居浜IC」から約15分、高松方面からは「土居IC」から約10分

第十三番

札所

仙龍寺

せんりゅうじ

厄除けと虫除五穀豊穣の護摩修行を行う空海。祈祷は21日間にも及んだ

仙龍寺の空海伝説「洞窟の中で21日間にも及ぶ護摩修行」

伝説によれば、仙龍寺は、インドの空鉢上人《からはちしょうにん》（法道仙人《ほうどうせんにん》）が、この地に居を構えたことに始まる。

その後、平安時代に入り弘仁6（815）年になると、当時42歳だった空海が、空鉢上人よりこの土地を譲り受けることとなった。そこで岩窟《がんくつ》に棲み「龍の神」として信仰されてきた瀧沢大権現《りょうさわだいごんげん》と開運不動明王の分霊を迎えて祀り、また空海自身も、21日間岩窟にこもって厄除と虫除五穀豊穣の護摩修行を行った。

そして21日目、無事に修行が満願成就すると、空海は自身の姿を彫り大師堂の本尊として祀った。この本尊は、祈祷の内容にちなんで「厄除大師」、または「虫除大師」と呼ばれる。

空海の伝説には、他にも高知県の室戸岬にある洞窟「御厨人窟《みくろど》」でも修行されたという話が残っている。もしかすると洞窟のような静かな空間は精神が研ぎ澄まされる分、パワーが増すのかもしれない。

当寺は、かつて四国八十八ヶ所六十五番札所の三角寺《さんかくじ》の大師堂だった。後に分離独立して仙龍寺となったが、現在も三角寺の奥之院で、近隣の人たちからも「奥之院」の名で親しまれている。また、四国八十八ヶ所総奥之院といわれるお寺の一つともされる。

車で向かっていると、一般道から細道に入ると

本堂の孔雀《くじゃく》明王像

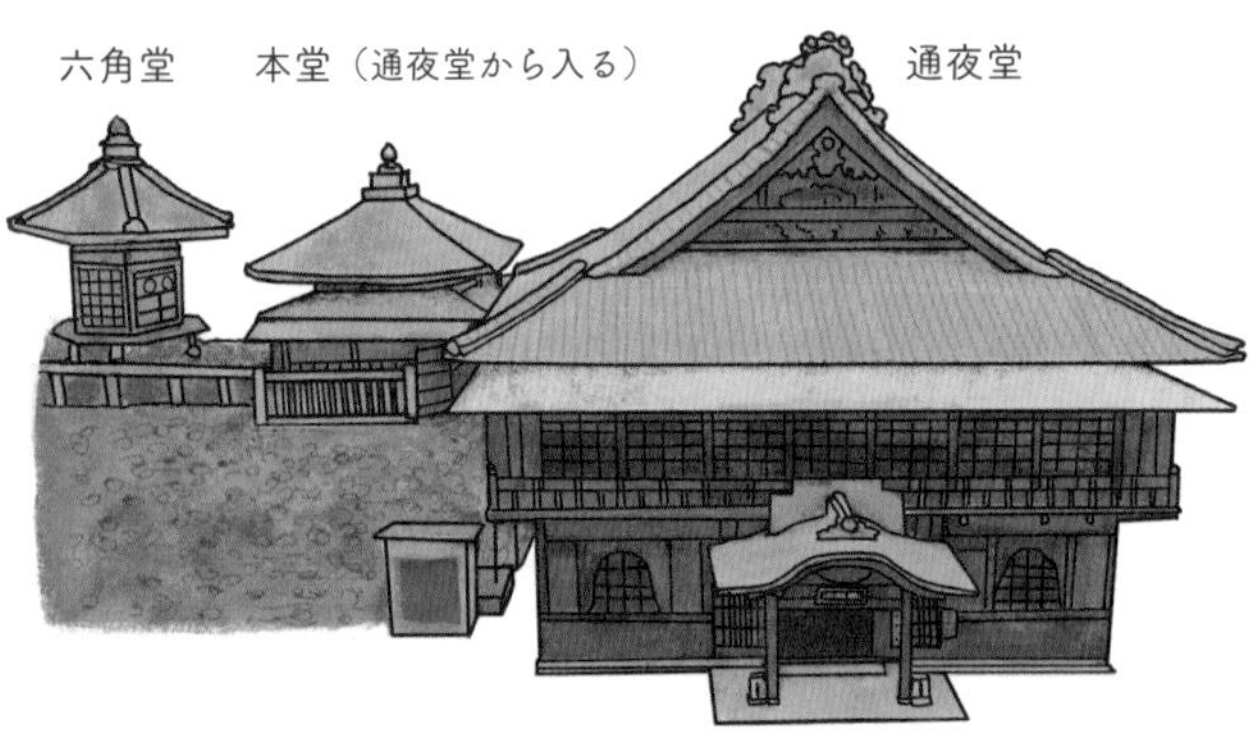

境内のお堂

ころに「奥之院 仙龍寺」と書かれた看板がある。仙龍寺のことなので注意して欲しい。

その後も山の上までくねくね細い道が続き、辿りつくのが大変だった。

本堂には、納経所と本尊（秘仏）の弘法大師像が祀られる内陣という場所と、もう1つ、岩の洞窟がある。洞窟の中には、火を焚いて祈る護摩壇があり、その奥には瀧沢大権現と開運不動明王が祀られている。ここでは、空海より受け継がれる護摩祈祷が今も行われているらしく、洞窟を拝観するだけで、空海がそこにいるような気配を感じることができた。

なお、ご本尊の弘法大師像のご開帳は、節分と9月第1土曜のいずれも夜に行われ、それ以外にもご祈祷時にご開帳される。

本堂と廊下でつながった通夜堂は、まるでアニメ『千と千尋の神隠し』に出てきそうな雰囲気。昔は100人規模の参拝者が泊まれる宿坊としても機能していたそうだ。現在は宿泊の対応はなく、予約すれば眺めのいい広々

奥之院ごはん

とした畳のお部屋で、「奥之院ごはん」というランチを食べることができる。

館内に入ると、赤い絨毯が敷かれ、まさしく立派な旅館の玄関口のようであった。靴を脱いでその絨毯の上を進み階段を上って2階へ行くと、いつのまにか本堂に辿りついていた。

境内の奥にある仙人堂と弥勒堂は、本堂を見下ろせて大変眺めがいい。奥に進むとかなり険しい遍路道があり、約2時間半歩くと三角寺へ着くそうだ。

山深く、まるで異空間に迷い込んだようなお寺だった。

本尊・弘法大師の霊木御影

御朱印

境内図

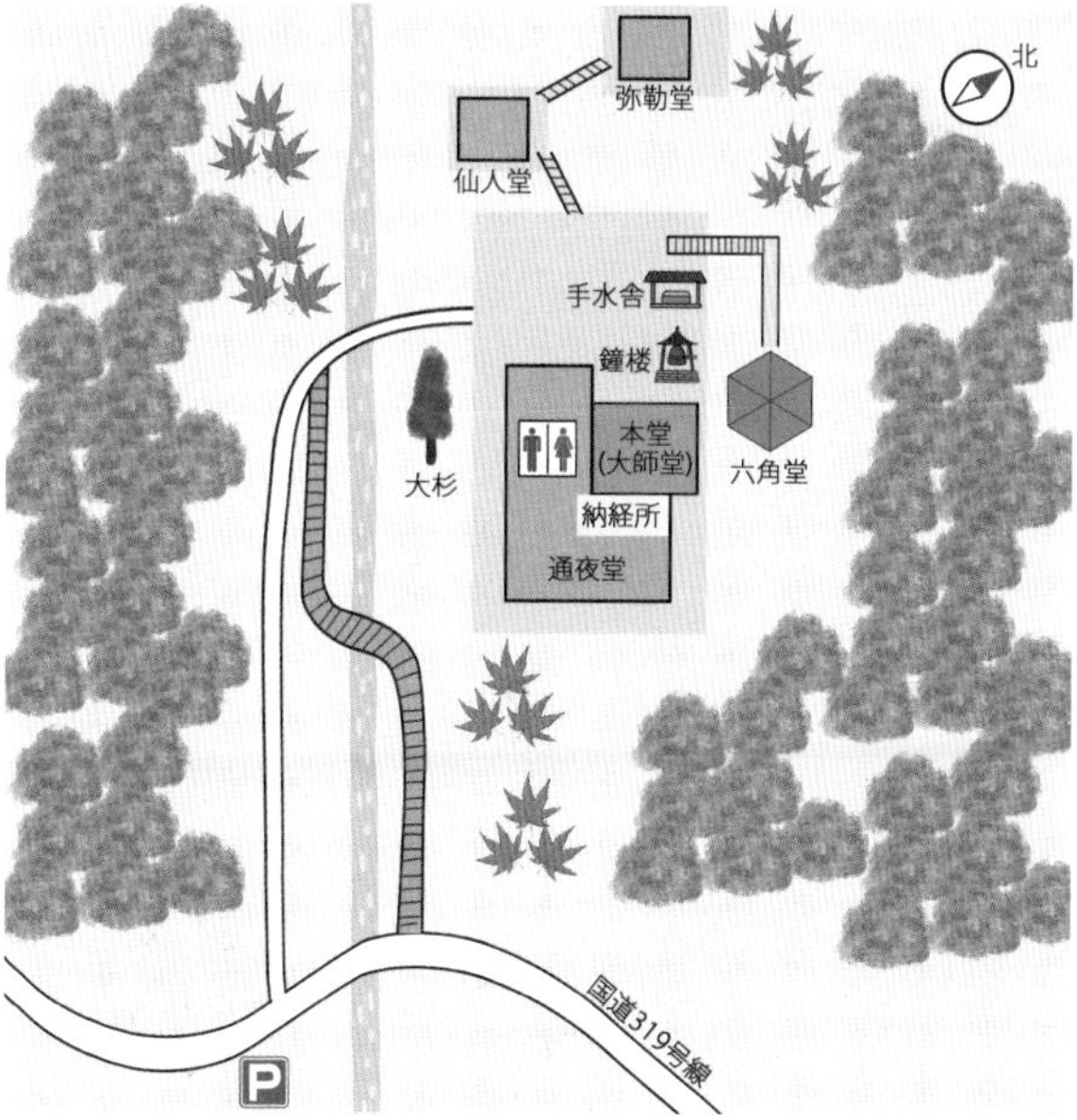

御詠歌

極楽は
他にはあらぬ
この寺に
御法の声を
きくぞうれしき

この寺にお参りし仏の教えに耳を傾け、帰依するならばこの身このまま、いまいる場所が密厳浄土になりえるのである

本尊　弘法大師
御真言　南無大師遍照金剛
開山　空鉢上人
宗派　真言宗大覚寺派

住 〒799-0301
愛媛県四国中央市新宮町馬立1200
☎ 0896-72-2033
宿 現在は宿泊対応なし
駐 普通車30台、バス5台駐車可

アクセス
松山自動車道「三島川之江IC」から約30分

第十四番
札所

椿堂（常福寺《じょうふくじ》）

つばきどう

熱病で苦しむ人たちのために空海は地面に椿の杖を挿し祈祷した

椿堂の空海伝説「人々を熱病から救い、椿の杖を大木へ」

伝承によれば、椿堂は平安時代の初期にあたる大同2（807）年に、邦治居士《ほうちこじ》という人が小さな庵を構え地蔵菩薩を祀ったことに始まる。

その後、弘仁6（815）年に空海がこの地方を訪れた時、疫病に悩み苦しむ住民たちの姿を目の当たりにし、椿の杖を使ってこの地に病を封じ込め、人々を苦しみから救われた。

空海が去った後、土中の杖は芽を吹き大樹となった。これが後々「大師《だいし》の御杖椿《おつえつばき》」と呼ばれ信仰されるようになり、庵も「椿堂」と呼ばれるようになった。

実は、このように空海が地面に杖を刺し大木となったという逸話は全国各地に残されている。人だけでなく植物にもパワーを発揮することができるとは、まさにスーパーヒーローだ！

椿堂の歴史を振り返ると、もともとは常福寺というお寺が2㎞ほど下の新田神社《にったじんじゃ》と同じ境内にあったが、江戸時代中期の宝暦11（1761）年に火災で全焼。移転して椿堂と合併し、現在の地に椿堂常福寺ができた。

本尊・延命地蔵菩薩像

大師の御杖椿

再び幕末の安政6（1859）年に火災に遭い、御杖椿も被災したが、幸い土中の根幹は被災を免れ、再び芽吹いて大樹となり現在に至る。空海ゆかりの椿だと思うと神々しく、ありがたくて手を合わせずにはいられない。

大師の御杖椿の前には、「おさわり大師」という座像があり、右手でお大師様をさすり、左手で自分の痛いところを触ってお願いすると痛みがなくなるという。

椿堂常福寺は、六十五番札所の三角寺から六十六番札所の雲辺寺に向かう国道192号線沿いに建っており交通の便が良い。鐘がぶら下がった赤い鐘楼門が目印だ。

非核不動尊（旧 火伏不動尊）

大師堂の弘法大師像

本堂は老朽化が進んだため、昭和59（1984）年に再建された。中には、本尊である椿堂の延命地蔵菩薩と、常福寺の大《だい》聖《しょう》不《ふ》動明王《どうみょうおう》の二尊、金色に修復された延命地蔵菩薩が祀られ、外からでも拝むことができる。

その本堂から道を隔てたところにあるのが大師堂だ。平成17（2005）年の再建でお堂が大きくなったため、それに合わせて弘法大師像も、京都の仏師である江里《えり》康《こう》慧《けい》氏に依頼して新たに造像した。衣の金箔を細く切って模様をつける截金《きりかね》部分は、江里康慧の妻である江里佐代子《さよこ》（人間国宝）によるもので、外からでもお姿を拝むことができる。

旧大師像は、胎内仏として新しい大師像の中に納められている。

他にも、境内を歩くと童子の姿の石像や、髭を生やして上を向きにこやかに笑う石像、まげをゆった男と日本髪の女が並ぶ石像がある。これらの石像は福の神とされ、情のもつれや体の障りを打ち消し、良縁子宝にご利益があるらしい。

また、全身真っ赤な非核不動尊《ひかくふどうそん》の石像も。昭和31（1956）年に建立されたもので、当初は火伏不動尊《ひぶせふどうそん》と呼ばれていたが、核兵器廃絶を願って呼び名を非核不動尊に改めたそうだ。

椿と門と不動の赤が、印象的なお寺だった。

本尊・延命地蔵菩薩の霊木御影

御朱印

境内図

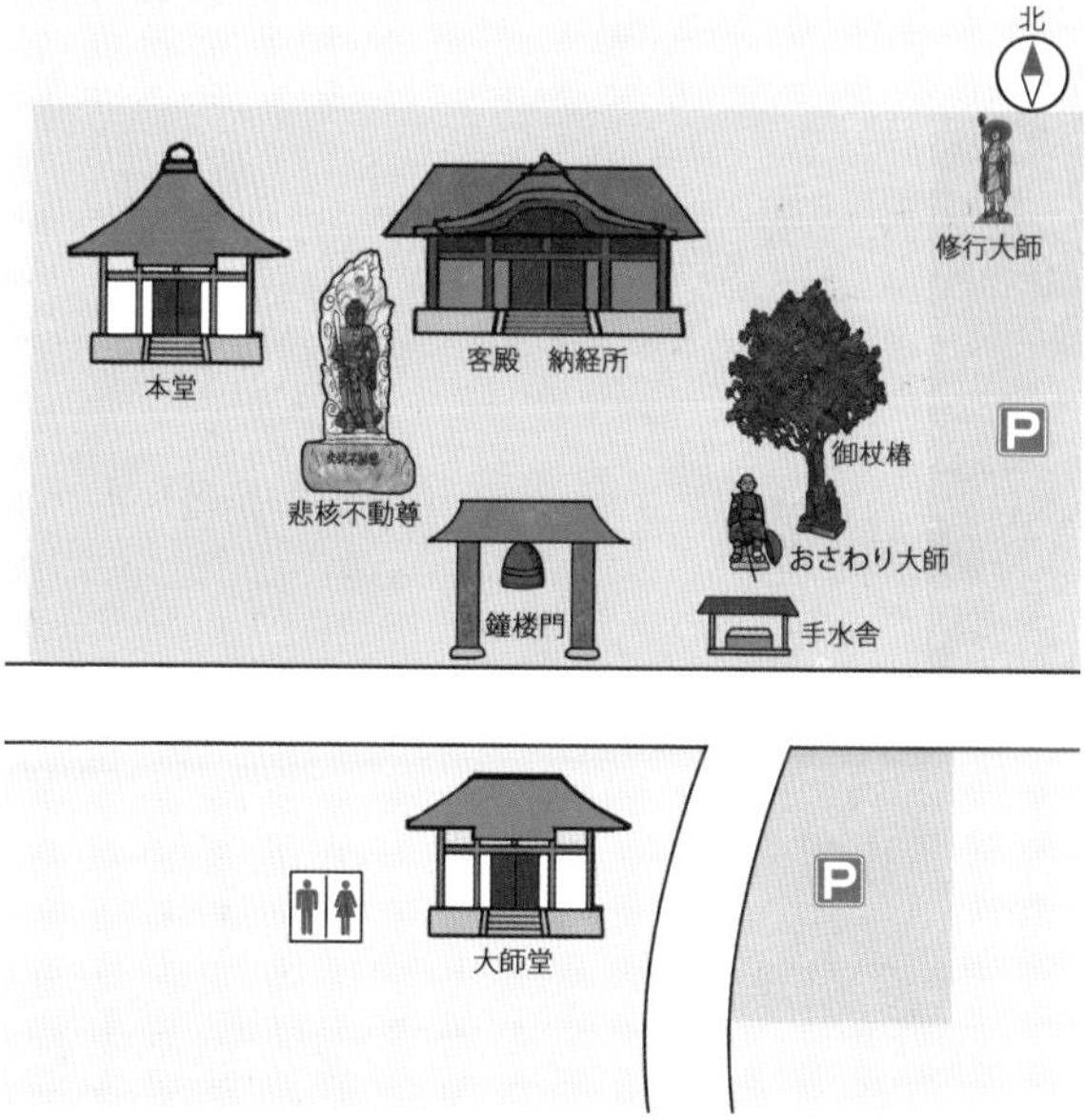

御詠歌

立ち寄りて
椿の寺に
やすみつつ
祈りをかけて
弥陀をたのめよ

遍路の道中に椿堂に参拝したならば、皆が極楽浄土へ向かえるようにお願いしよう

本尊　延命地蔵菩薩
　　　大聖不動明王

真言　オン　カカカ
　　　ビサンマエイ　ソワカ

開山　邦治居士《ほうちこじ》

宗派　高野山真言宗

住　〒799-0127
愛媛県四国中央市川滝町下山1894

☎ 0896-56-4523

宿　なし

駐　普通車10台、マイクロバス3台駐車可

アクセス
松山自動車道「三島川之江IC」から約10分

田中ひろみが
おすすめする

四国グルメ

愛媛編

鯛めし

鯛を丸ごと一匹、土鍋や釜に入れて炊き込んだ郷土料理。なお、宇和島鯛めしは、醤油、みりん、玉子、ごま、だし汁などのタレに漬け込んだ鯛の刺身をご飯に載せて食べることを指す。

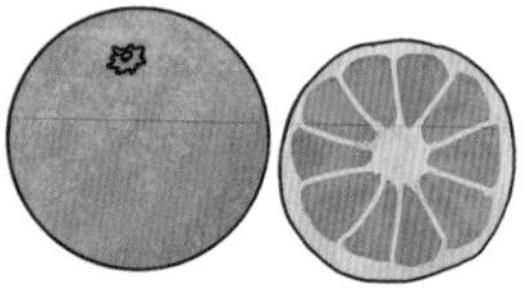

みかん

全国トップクラスの生産量を誇り、伊予かん、デコポンなど品種も多彩。

いぎす豆腐

イギスは浅瀬の岩などに生える海藻のことで、それを生の大豆粉と一緒にだし汁で煮溶かし、寒天のように固めた料理。県内の越智や今治地区で食べられることが多い。

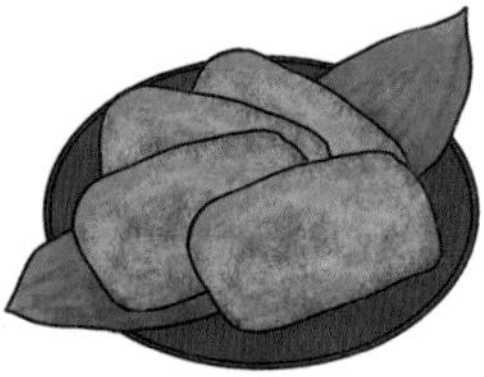

じゃこ天

愛媛県の西側に広がる宇和海。そこで獲れる新鮮な小魚を皮つきのまますり身にして油で揚げた練り製品。

タルト

柚子と白双糖《しろざらとう》を加えたこし餡をスポンジ生地でくるりと巻いたロールケーキ状のお菓子。断面が「の」になっているのが特徴。

松山鮓（もぶり鮓）

エソやトラハゼなどの魚介類からとったダシと甘めの寿司酢で作った酢飯に、地元で獲れたアナゴや季節の野菜を混ぜたちらし寿司。主に松山地区で食べられる。

香川編

オリーブ

国内で初めてオリーブ栽培が行われたのが香川県小豆島。オリーブを飼料にして育ったオリーブ牛やオリーブハマチ、オリーブ米などのブランドもある。

骨付鳥

骨付きの鶏のモモ肉を１本まるごと焼いた料理。塩、コショウ、ニンニクで味付けされ、皮はパリパリ、中はふっくら柔らかい。

しょうゆ豆

乾燥させたそら豆を焦げ目が付くまで煎って、熱いうちに醤油・砂糖・唐辛子を混ぜたタレに漬け込んだもの。噛むと、ポロッと崩れる食感が楽しい。

ぴっぴ飯

「ぴっぴ」とは、讃岐弁の幼児語で「うどん」のこと。ぴっぴ飯は、そば飯のそばの代わりにうどんが入ったB級グルメ。

讃岐うどん

コシが強く、ツルッとした喉ごしの良さと、モチモチの食感がたまらない。ダシはいりこ（煮干し）が基本で、ぶっかけ、かけ、しょうゆ、釜玉などいろいろな食べ方がある。

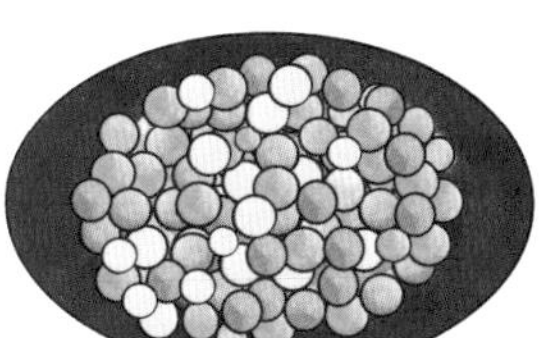

おいり

真ん丸でカラフルな球は、ふわっとしながらもサクサクとした食感。口の中ですぐに溶ける柔らかな甘さがくせになる。

第十五番
札所

箸蔵寺

はしくらじ

金毘羅大権現から「箸を使う人を救うように」とお告げを受ける空海

箸蔵寺の空海伝説「金毘羅大権現《こんぴらだいごんげん》から授かった、箸にまつわるお告げ」

平安時代前期の天長5（828）年にこの地を訪れた空海は、箸蔵山に霊気を感じ山頂まで歩いて登った。すると金毘羅大権現《こんぴらだいごんげん》が現れて「箸を使う人を救うように」とお告げを授かったそう。これが箸蔵寺の名前の由来となっている。

「箸を使う人を救う」とは不思議な表現だが、すでに当時、日本では日常的に箸を使っていたので、全ての人々を救うようにという意味だろう。

これを受け、空海が金毘羅大権現の像を彫りお堂を建立したことが、箸蔵寺の始まりだと伝えられている。ちなみに、金毘羅大権現の「金毘羅」は、古代インドの文語であるサンスクリットでワニを意味する「クンビーラ（Kumbhira）」。インドのガンジス川に棲むワニを神格化した仏教の守護神で、ガンジス川を司る女神ガンガーの乗り物だったことから、海上交通の守り神として信仰されている。

また「権現」とは、仏や菩薩が仮に姿を変えて日本の神として現れること。仏教では、薬師如来のガードマンである十二神将の一人、宮毘羅大将《くひらだいしょう》と同じとされ、お祈りすれば水難事故や病気からも守ってもらえるそうだ。

箸蔵寺は、明治初年の神仏分離令以前は、香川県仲多度郡《なかたどぐん》琴平町《ことひらちょう》にある金刀比羅宮《ことひらぐう》（こんぴらさん）の奥之院だった。そのため、現在でも「こんぴら奥の院」と呼ばれている。赤ちゃんのお箸初め（お食い初め）の箸を授与してくれることでも有名で、毎年8月4日には箸供養が行われている。

境内は山の上に位置し、駐車場から階段を500段上ったところにある。車の場合は、山の麓の箸蔵山ロープウェイ駐車場を利用し、ロープウェイで登るのがおすすめだ。山上に駐車場はない。

広い境内には、鳥居と狛犬があり、神様と仏様が混合した神仏混合のお寺であることが見てとれる。本殿、護摩殿、方丈（本坊）、薬師堂、鐘楼、天神社の6棟が国指定の

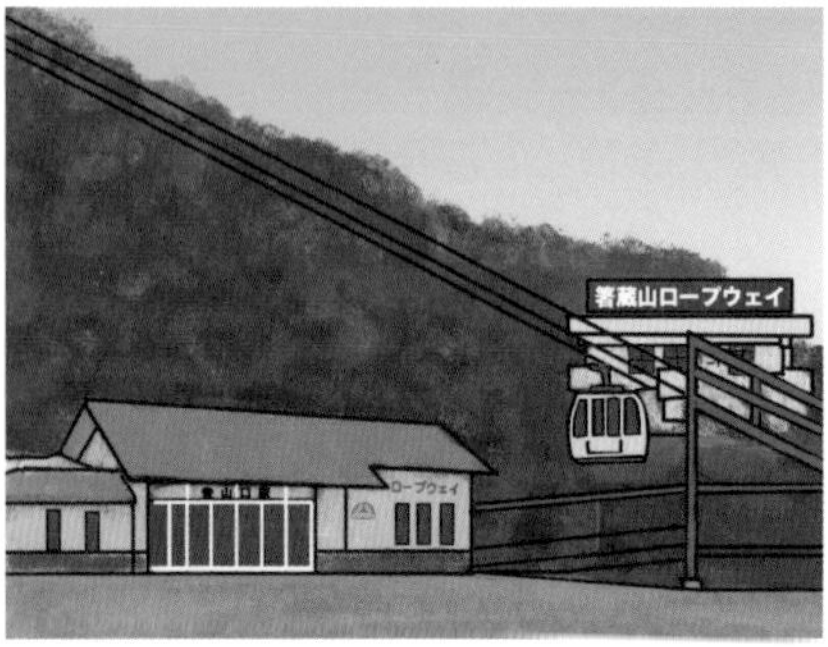

箸蔵山ロープウェイ

本殿

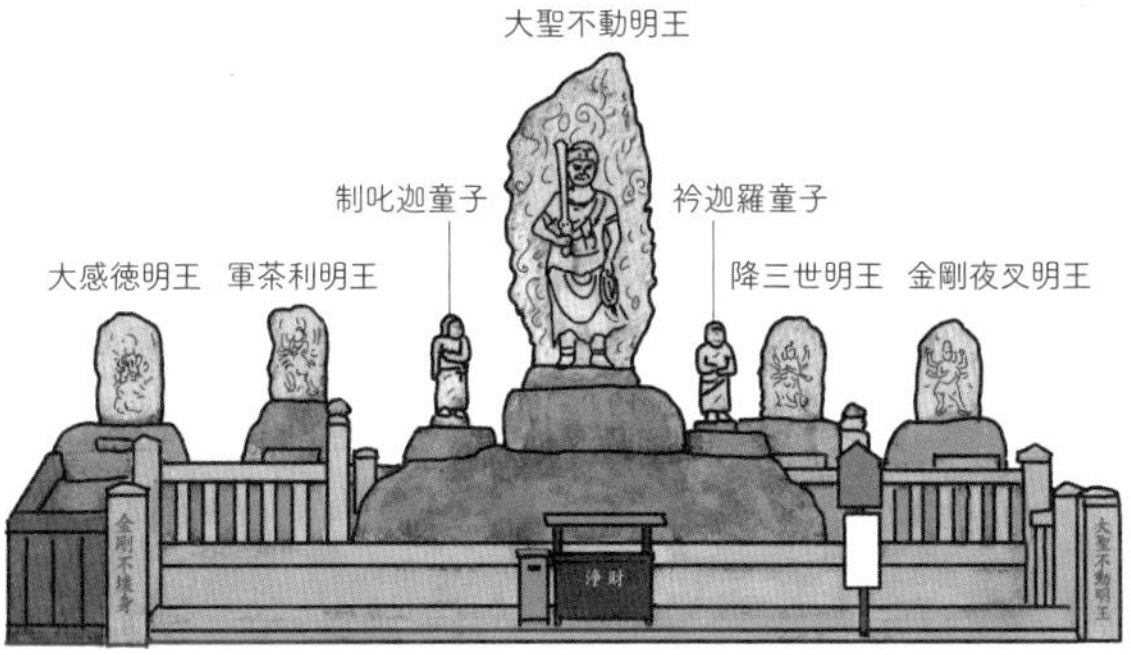

大聖不動明王などの五大力の石像

重要文化財で、観音堂は県指定の有形文化財。高灯籠、仁王門、手水舎、中門の4件は、国の登録有形文化財に指定されている。

護摩殿では、毎日朝夕（6時30分と18時）欠かさず護摩祈祷が行われており、その殿前には、八代目市川團十郎が寄進した石灯籠一対や狛犬が置かれている。

また護摩殿から本殿へと続く278段の石段は、般若心経の文字が左端に1文字ずつ付けられ、「般若心《はんにゃしん》経昇経段《ぎょうしょうきょうだん》」と名付けられている。

本殿は、毎年4月12日と11月12日の大祭の際、信者さんのみ入ることができる。内陣の真ん中に秘仏の金毘羅大権現が祀られているそうだが、歴代の住職でさえそのお姿を見たことがないという。

その左右に祀られた脇侍の深沙大将《じんじゃだいしょう》や不動明王は遠くから拝むことができるのでぜひ拝観してほしい。三蔵法師をインドの砂漠で助けたという深沙大将は、お腹から童子の顔が出ている珍しいお姿。私が大好きな仏像なので、この機会に拝観できてうれしかった。

なお本殿の側には、大聖不動明王や制吒迦童子《せいたかどうじ》ら五大力の石像がある。その先に空海が祀られているのが御影堂、その奥には四国八十八ヶ所の本尊の石像が並ぶお砂踏みがある。

弘法大師の霊木御影

深沙大将

御朱印

境内図

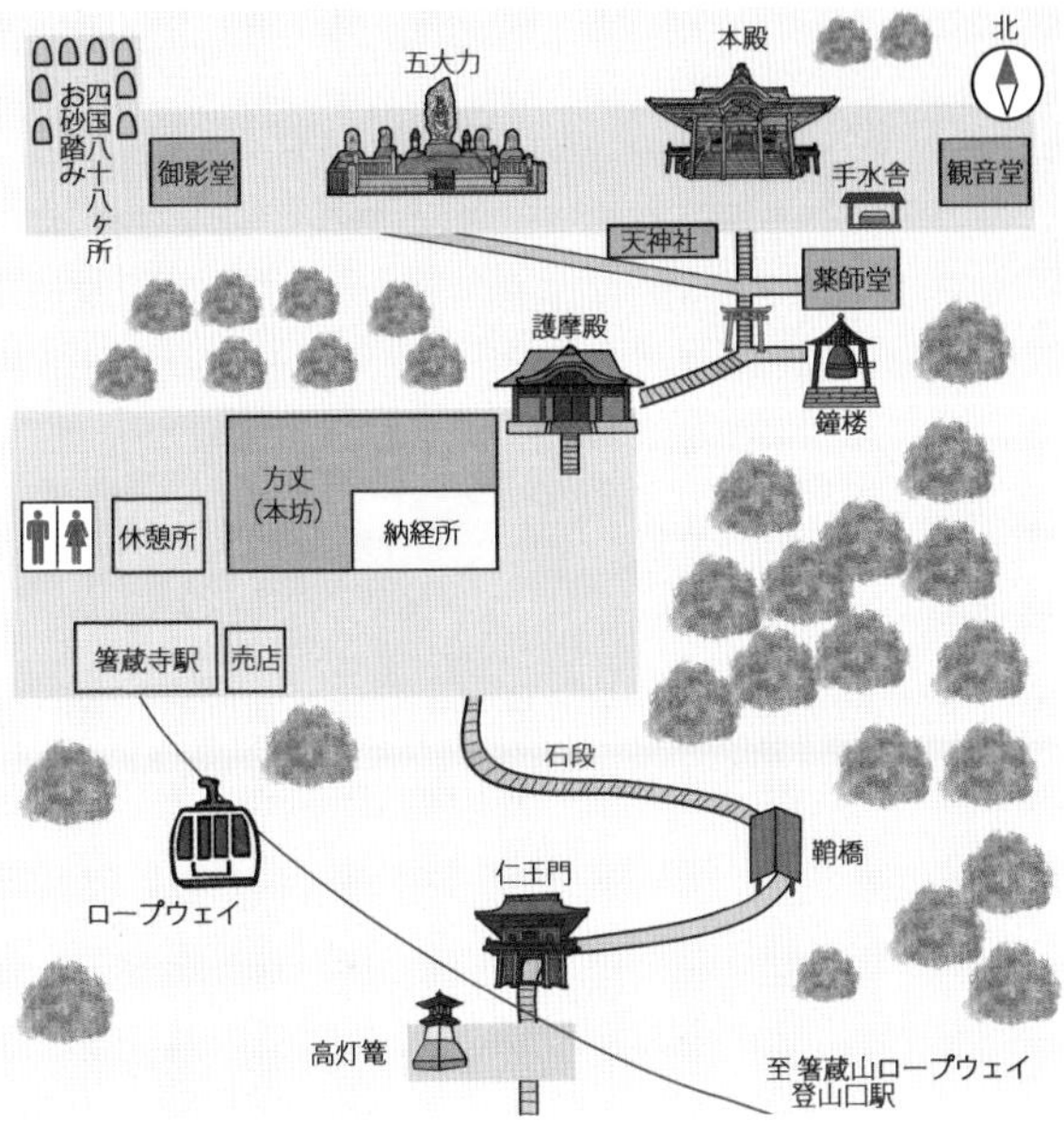

御詠歌

いその神
ふりにし世より
今もなほ
箸運ぶてふ
ことの尊き

遠い昔の世より現在に至るまで、人々が幸せに暮らせるよう箸を運び続けるということはなんと尊きことであろうか

本尊　金毘羅大権現

真言　オン　クビラヤ　ソワカ

開山　弘法大師

宗派　真言宗御室派

住 〒778-0020
徳島県三好市池田町州津蔵谷1006

☎ 0883-72-0812

宿 現在は宿泊対応なし

駐 なし。山の麓にある箸蔵山ロープウェイ駐車場を利用。普通車200台、バス50台駐車可

アクセス
徳島自動車道「井川池田IC」から「箸蔵山ロープウェイ登山口駅」まで約5分

第 十六 番

札所

萩原寺

はぎわらじ

空海が文殊菩薩の剣を持って般若心経を説くと疫病はすぐに鎮まった

萩原寺の空海伝説「文殊菩薩と一体となり疫病を退散！」

寺伝によると、平安時代初期の大同2（807）年、空海は雲辺寺山《うんぺんじさん》のふもとと山頂にそれぞれお寺を建立した。そのふもと側に建立されたのが萩原寺で、山頂のお寺は雲辺寺という。

その後、空海は自ら仏像を彫り、萩原寺に地蔵菩薩を安置した。そのことから当寺は「地蔵院 萩原寺」とも呼ばれている。なお、山頂の雲辺寺には千手観音を祀った。

818（弘仁9）年になると、当時多くの国民が飢饉と疫病に苦しめられていた。そこで空海は嵯峨《さが》天皇に写経を勧め、「般若心経」に関する講義と病気・災難を払う祈願を行った。

すると、疫病はすぐに鎮まったそう。空海の著書『般若心経秘鍵《はんにゃしんぎょうひけん》』とは、この講義を書物にまとめたものだ。

この時、空海は文殊菩薩の剣を持ち、文殊菩薩と一体となって講義されたらしく、その様子を表した仏像のことを「秘鍵大師《ひけんだいし》」という。人々を救おうと誓いを立てているお姿だそうだ。一般的に弘法大師像は右手に三鈷杵か五鈷杵を持っているので、このように剣を持っているのは珍しく、紅色の円形の光背《こうはい》（仏像の背中部分に、仏様の後光を視覚的に表したもの）があるのも特徴的だ。

萩原寺の大師堂にも秘鍵大師が祀られているが、当寺の場合は円形の光背がなく、顔立ちも下膨れでややふくよかだ。

大師堂の秘鍵大師

萩原寺は、萩（県指定自然記念物）の名所で「萩寺」とも呼ばれる。9月頃には、約2500株の赤・白の可憐な花が咲き、第2土曜～末日まで萩まつりが開催される。萩原寺は空海が建立した後、延喜3（903）年に、醍醐《だいご》天皇の勅旨談義所《ちょくしだんぎしょ》となった。勅旨とは、天皇の勅命を下す文書。談義所とは、僧侶の学問所のことだ。

さらに朱雀《すざく》天皇の時代に入ると、讃岐（現在の香川県）の中で4つある談議所の1つに選定された。四国別格二十霊場のうち、談議所に選ばれたのは、ここと十九番札所の香西寺《こうざいじ》のみだ。

その後、一度衰退したが、室町時代中期に真恵《しんえ》という僧が現れて再び繁栄させ、将軍に次ぐ最高職にあたる管領・細川勝元《ほそかわかつもと》の祈願所となった。

その影響から現在も境内には、多くの建築物がある。仁王門は、観音寺市指定有形文化財。本堂、護摩堂、客殿、鐘楼、手水舎、大門及び番所、南門及び土塀は、国の登録有形文化財。その中でも客殿は茅葺きで趣があって立派だ。

客殿

本堂には、空海作とされる本尊の伽羅陀山火伏地蔵菩薩《からだせんひぶせじぞうぼさつ》が安置されているがお姿を拝することはできない。周りには、西国三十三所と長野県の善光寺《ぜんこうじ》の本尊を模した石仏が並んでいる。

また大師堂には秘鍵大師の他に、弁財天、不動明王などが祀られ、その前のお堂には金ピカに光る泰平大黒天が祀られている。

宝物館は、国の重要文化財に指定される、空海の直筆と伝わる書「急就章《きゅうしゅうしょう》」「法華曼陀羅図《ほっけまんだらず》」「観経曼陀羅図《かんぎょうまんだらず》」がある他、数百点におよぶ宝物が収められている。

本尊・伽羅陀山火伏地蔵菩薩の
霊木御影

弁財天

泰平大黒天

御朱印

開館は5月の「門前市」と9月の「萩まつり」のみ。

　あちこち見て回った後は、納経所を兼ねた「萩庵《しゅうあん》」というお茶処でお茶を飲みながら休憩を。いろんなグッズも販売されているのでお土産を探すのも楽しい。

境内図

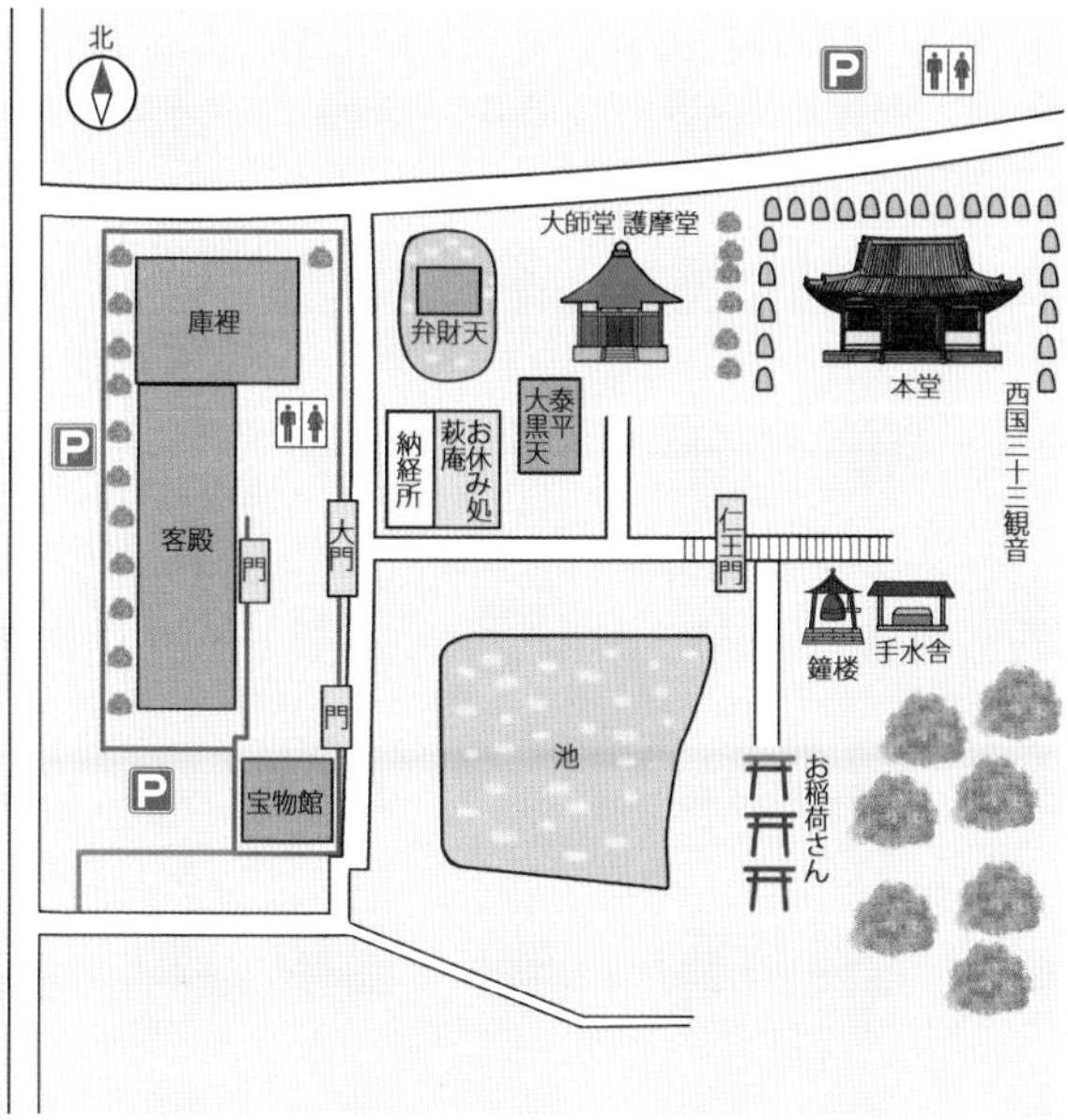

御詠歌

尊くも
火伏をちかふ
地蔵尊
はぎの御山に
世を救ふらむ

厄災を防いでくださる火伏地蔵尊、萩の名所萩原寺より、人々を悩み苦しから救わんとす

本尊　伽羅陀山火伏地蔵菩薩

真言　オン　カカカ　ビサンマエイ　ソワカ

開山　弘法大師

宗派　真言宗大覚寺派

住 〒769-1614
香川県観音寺市大野原町萩原2742
☎ 0875-54-2066
宿 近くに民宿有り
駐 普通車100台、バス50台駐車可

アクセス
高松自動車道「大野原IC」から約8分

第 十七 番

札所

神野寺

かんのじ

空海に救われた龍は、その後、恩返しのためにこの地を守り続けた

神野寺の空海伝説「最新の技術で日本最大級のため池を完成」

満濃池の護摩壇岩

この地域には、農業用水を確保するために作られた満濃池《まんのういけ》というため池がある。国の名勝にも指定されており、ため池とは思えないくらいスケールが大きく立派だ。

遡ること奈良時代以前の大宝年間（701〜704年頃）、当時の讃岐国守・道守朝臣《ちもりあそん》がこの池を創築したが、洪水により何度も決壊するため、平安時代前期の弘仁12（821）年に、嵯峨天皇の勅命により空海が修復のためこの地へ派遣されたという。

空海は唐で学んだ土木工学で、堤防の形を当時の日本ではまだ存在しなかったアーチ型にして水の圧力を分散させ、わずか3ヶ月で決壊しにくい構造へ修築した。空海は土木界でもスーパースターだったのだ。

その際、満濃池の中にある岩の上で護摩祈祷が行われたらしく、現在も護摩壇岩《ごまだんいわ》が残っている。

また平安中期の『今昔物語』という書物には、池にはもともと龍が住んでいたという伝説がある。どうやらその龍は、一度天狗にさらわれたものの無事池に戻り、今も人々を見守っているという。

空海は、満濃池の修築で天皇より報奨金をいただき、池の守護として「神野寺」を建立した。寺号は、当地の地名である神野郷《かんのごう》に由来する。当初は池も神野池《かんのいけ》と呼ばれていたが、桓武天皇の第2皇子の神野親王《かみのしんのう》と同じ字であったため「真野池《まののいけ》」に改められ、それが転訛《てんか》して明治期には「満濃池《まんのういけ》」と呼ばれるようになった。

この池は、人が造った日本最大級のため池で、国の登録有形文化財になっている。雨や川が少ない香川県にとって、昔から水の確保は命題だった。その点でも、空海は一役買っていたのだろう。

神野寺は、戦国時代の兵火で伽藍一切が焼失し長らく廃寺の時代が続いたが、昭和7（1932年）に空海の入定1100年祭の事業として復興が計画され、昭和9（1934年）

満濃大師像

本尊・薬師如来

にお堂の一部が復興し現在に至る。

山門は無く、代わりに境内の入り口となる場所には、弘法大師築池霊場がある。大師堂も兼ねた本堂の厨子の中には、本尊の薬師如来像と弘法大師像が祀られている。

境内を歩くと、小高い丘の上に満濃池を見下ろすように満濃大師《まんのうたいし》像と呼ばれる高さ3.3mの青銅製の空海の像が立つ。香川県出身の彫刻家・小倉右一郎《おぐらういちろう》氏によるもので、昭和8（1933）年の建立。威厳があり存在感のあるお像だ。

池の畔に立つ赤い鳥居の奥には、八大龍王が祀られる小さな祠がある。池の守護神として古くから祀られる神野神社で、神野寺とは神仏習合の歴史を持つ。

本尊・薬師如来の霊木御影

八大龍王

御朱印

空海の作ったこの満濃池は、神野寺の仏様だけでなく、神野神社の神様、そして伝説の龍にも守られていることになる。なんとスケールの大きいことだろう！　私もクリエイターとして、空海のように壮大なスケールの仕事に携わり、後世に残る大作を作りたいものだ。

境内図

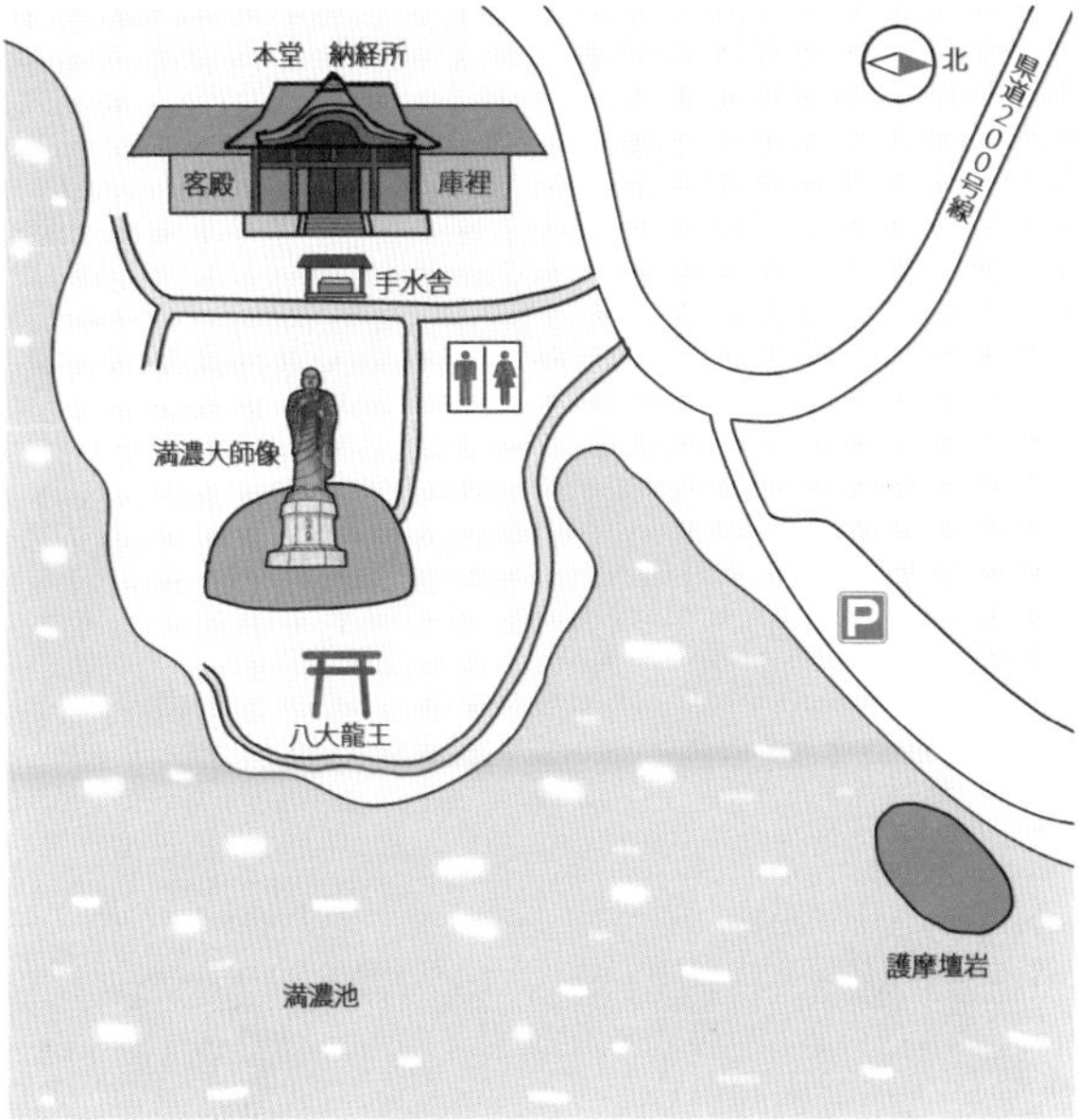

御詠歌

ちまちだに
いまもそそぎて
のりのしの
恵みあふるる
満濃の大池

古来より多くの村の田畑を潤す満濃池の水は、現代も変わらずその村々を潤している。まさに弘法大師の法力のようだ

本尊　薬師如来

真言　オン　コロコロ　センダリ　マトウギ　ソワカ

開山　弘法大師

宗派　真言宗善通寺派

住 〒766-0024
香川県仲多度郡まんのう町神野45-12

☎ 0877-75-0875

宿 なし

駐 普通車20台、バス10台駐車可

アクセス
高松自動車道「善通寺IC」から約20分

第 十八 番

札所

海岸寺

かいがんじ

ご両親、四天王に見守られる、生まれたばかりの空海

海岸寺の空海伝説「神々しいほど荘厳な姿で空海誕生」

空海の出生場所は諸説あるものの、当寺の伝承によれば、奈良時代後期の宝亀5（774）年、現在の海岸寺の奥之院にある大師堂付近に産屋があり、そこで生まれたといわれている。

昔は、結婚しても男女は別々に暮らしており、空海の父の佐伯善通《さえきのよしみち》は、第七十五番札所の善通寺《ぜんつうじ》のある地に、母の玉依御前《たまよりごぜん》は海岸寺から近い仏母院《ぶつもいん》があるところに住まいがあった。

大師堂には、空海が42歳の時に彫ったと伝わる弘法大師誕生仏像が祀られている。国内に数あるお寺の中でも、赤ちゃんのお姿をされた空海の像はここだけとされる。非常に貴重な場所であることがお分かりいただけるだろう。

実際に拝見すると、さすが空海、赤ちゃんながらとても堂々としておられる。さらにその空海の像を守るように、左右にご両親の像、そして四天王像が祀られ、ますます威厳が増すようで、思わず見とれてしまった。

平安時代初期の大同2（807）年、唐から帰国した空海は、幼少期に育った母の別邸を本堂として建立し、正観音と弥勒菩薩を祀り海岸寺とした。

大師堂に祀られている弘法大師誕生仏像の下には、出産時に使ったとされる石の産盥《うぶだらい》が置かれ、大師堂の前には、空海の母が安産祈願したといわれる子安観音が祀られているお堂がある。

本尊・正観音

子安観音

　また空海を出産する時に使われた井戸の弘《こう》法《ぼう》大師《だいし》産井《うぶい》や、空海を取り上げた産婆が手拭いを掛けたと伝わる巨大な弘法大師誕生湯手掛の松もあり（枯れ木が残されている）、空海の誕生にまつわる痕跡がいろいろ拝観できありがたい。
　境内は、本堂などがある本坊と、大師堂などがある奥之院からなり、両所の間に県道21号線（旧さぬき浜街道）とJR予讃線が通るほど広大だ。

安政3（1856）年に再建された本堂は、靴を脱いで堂内に入って参拝できる。本堂を入って左奥の通路を進むと、本堂横にある不動明王堂（護摩場）とつながっていて、「金刀比羅宮（こんぴらさん）」に祀られていた不動明王なども祀られている。

昭和40（1965）年に完成した山門には、仁王像の代わりに昭和30年代に活躍した香川県出身の力士・琴ヶ《ことが》濱《はま》（観音寺市出身）と大豪《だいごう》（丸亀市出身）の像が立っているのでぜひ見てほしい。

本堂から石畳を進むと裏手は瀬戸内海。浜から眺める山々が、立てかけた屏風のような形をしていることから「屏風ヶ浦《びょうぶがうら》」と呼ばれている。宝物館もあるが通常は閉館している。

一方、奥之院大師堂のさらに奥にある御盥山《おたらいやま》（まんだ

山門の向かって右が琴ヶ浜、左が大豪

ら園）には、四国三十六不動霊場の第三十一番札所である不動坊《ふどうぼう》があり、空海の甥で第5代天台座主　天台寺門宗《てんだいじもんしゅう》宗祖《しゅうそ》の智証大師《ちしょうだいし》・円珍《えんちん》が彫ったと伝わる不動明王が祀られている。

他にも、讃岐十二支霊場の卯年の守り本尊にあたる文殊菩薩を祀る文殊堂があり、お堂の正面の知恵の輪をくぐると学力向上にご利益があるとされる。ウサギ好きの私としては、お堂の手前のウサギ小屋もおすすめだ。

広い境内地の移動はちょっと大変だが、とにかく見どころがたくさんあり、空海がこの世に誕生したことを実感することができた。

本尊・正観音の霊木御影

御朱印

境内図

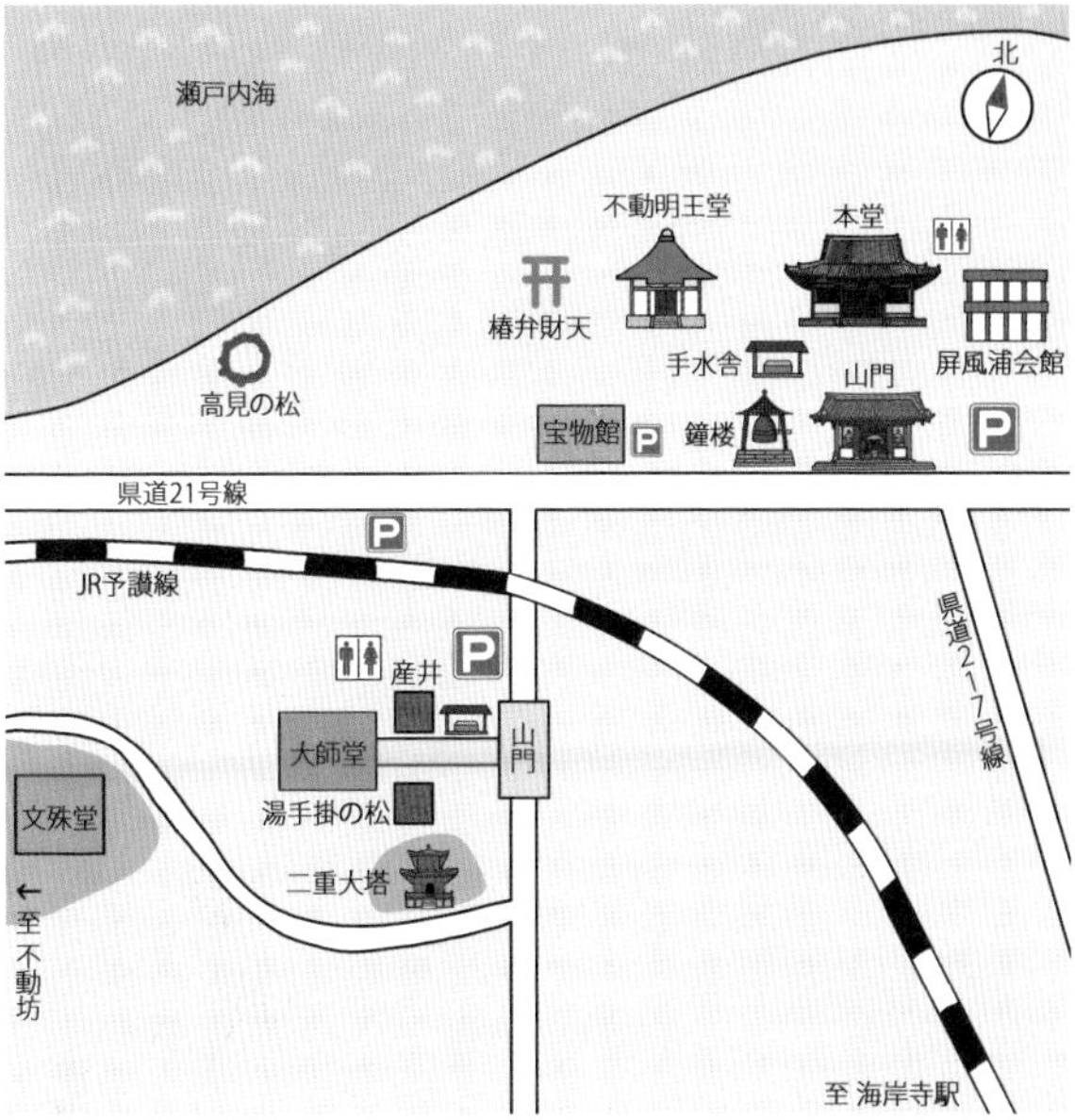

本尊　正観音　弘法大師誕生仏

真言　オン　アロリキャ　ソワカ

開山　弘法大師

宗派　真言宗醍醐派

御詠歌

せとのきし
まなこやひらく
かいがんじ
よろこびみちぬ
身も心にも

瀬戸内の穏やかな海に面する海岸寺に来ると、その景色に思わず目が覚めるような想いが込み上げる

住 〒764-0037
香川県仲多度郡多度津町大字西白方997-1

☎ 0877-33-3333

宿 約300人

駐 普通車　本堂付近10台　大型駐車場60台　大師堂付近10台　、バス駐車可

アクセス
高松自動車道「善通寺IC」から約15分。または高松自動車道「三豊鳥坂IC」から約15分

第十九番

札所

香西寺

こうざいじ

勝賀山より香西寺の山門や屋島、瀬戸内海を拝む空海

香西寺の空海伝説「数回の移転を経て再び空海の建立した場所へ」

香西寺は、奈良時代に行基が勝賀山《かつがやま》の北のふもとに庵を建てた「勝賀寺」が始まりだとされる。平安初期に入り、空海が現在の高松市香西西町《こうざいにしまち》に移し地蔵菩薩を彫って祀ったそうだ。

その後、勝賀寺は、嵯峨天皇に鎮護国家や皇室安全を祈る勅願寺に選ばれ、千貫文を給付された。さらに、朱雀天皇の時代には僧侶の学問所である談議所にも選定された。四国別格二十霊場の中でも談議所に選ばれたのは、ここと十六番札所の萩原寺だけである。

鎌倉時代になり、この地の豪族・香西資村《こうざいすけむら》が幕命を受けお堂を再建し現在の「香西寺」という名前になった。その後も細川頼之《ほそかわよりゆき》が香西東町の本津《ほんづ》に移し、11代目の香西元資《こうざいもとすけ》がお寺の名前を「地福寺《じふくじ》」と改称した。

天正年間（1573～1592）になると戦火に遭ったため、国主の生駒親正《いこまちかまさ》が再建して「高福寺《こうふくじ》」と名前を変えた。だが万治元年（1658）、再度火災で焼けたため、結局、空海が移した現在の地に戻ってきたという。もしかすると空海が強力なお力で導いたのだろうか。

香西寺には、徳川家の家紋である葵の御紋が使われている。これは、寛文9（1669）年に新しくお堂を建てて寺名を元の「香西寺」にした、讃岐高松藩の初代藩主・松平頼重《まつだいらよりしげ》によるもの。松平頼重が、テレビ番組『水戸黄門』でお馴染みの徳川光圀《とくがわみつくに》の兄にあたるからだ。

頼重が新築したお堂は、その後、失火で大半が焼失したが、現在は一部分を残してほとんどが再建されている。

葵のご紋は、本堂の内陣にある立派な厨子に見ることができ、その中に本尊の延命地蔵菩薩が祀られている。扉が閉まり、お姿を見れないのが非常に残念だ。

お迎え毘沙門天像

向かって左側には四天王の広目天《こうもくてん》、右側には愛染明王《あいぜんみょうおう》が祀られている。

入り口には、石像のお迎え毘沙門天像が立ち、朱塗りが特徴的な毘沙門堂の中には、国の重要文化財に指定される毘沙門天立像が安置されている。平安時代初期にあたる勝賀寺時代から受け継がれる像らしく、檜《ひのき》

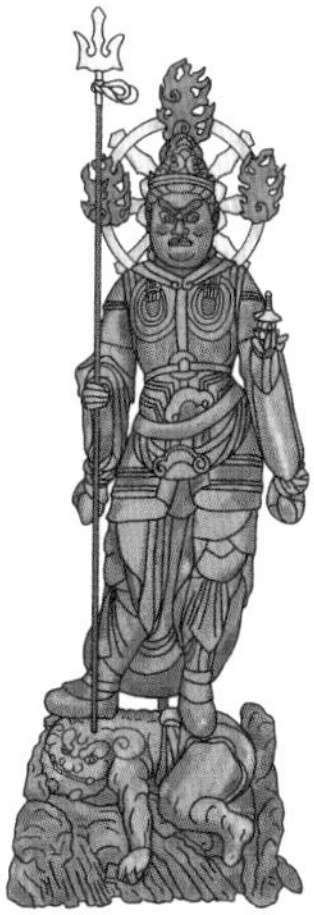

毘沙門天立像

毘沙門堂

の一本造り、像高101㎝ととても立派だ。毘沙門天立像は、岩座の上の邪鬼を踏み、左手に宝塔を掲げ、右手に武器の三叉《さんさ》戟《げき》を持って、左足に重心を置いて立っている。顔は四角く、眉根を寄せてつりあげ、目はぱっちりと大きい。非常に勇ましいのだが、なぜか可愛らしく思えてしまう愛嬌のある表情だ。お寺の事情によるが、運が良ければ志納金を支払い拝観することもできるので、ぜひ事前に確認しておこう。

境内には大きな楠があり、その下に厄除弘法大師像がある。周りには、痛いところを撫でて願う足治し地蔵、耳にご利益のある耳治し如意輪観音《にょいりんかんのん》、目の病を治す目治し地蔵菩薩など、たくさんの石像がある。足、

厄除弘法大師像

本尊・延命地蔵菩薩の霊木御影

耳、目と専門の石像が揃っているのは実に珍しい。

　その先には、お姿を拝することはできないが波切り不動明王を祀るお堂があり、その横の道を進むと、四国八十八ヶ所の本尊を模した石像が並べられ、一度にたくさん参拝することができる。

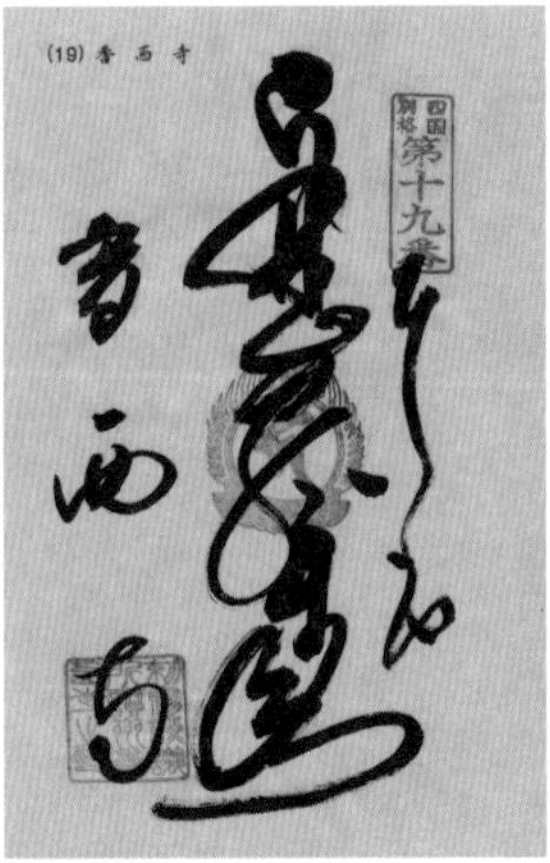

御朱印

境内図

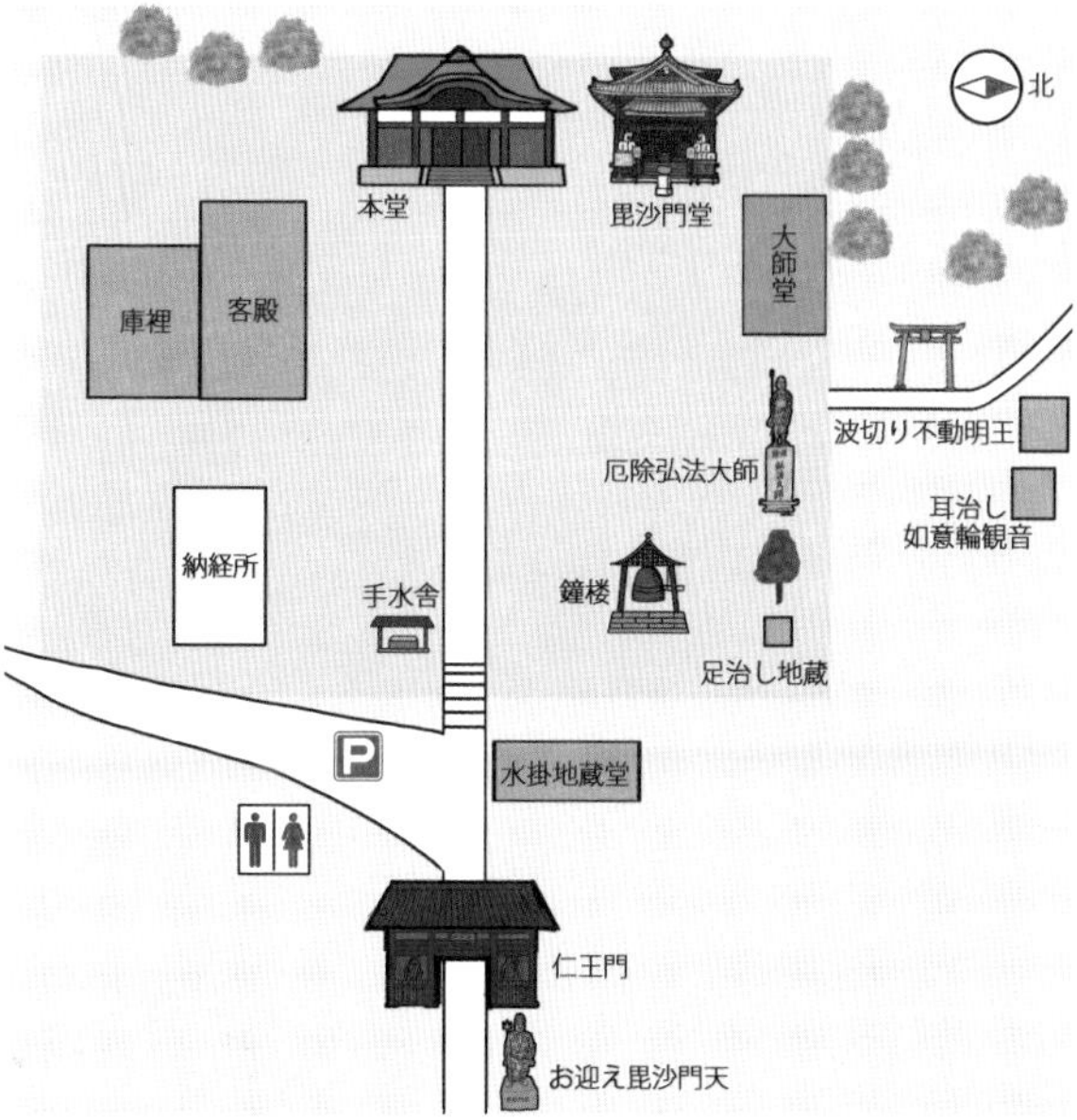

御詠歌

南無大悲
延命地蔵
大菩薩
みちびきたまへ
この世のちの世

延命地蔵様を信じて従うので、この世だけでなく亡くなってからも私たちにお導きを

本尊　延命地蔵菩薩

真言　オン　カカカ
ビサンマエイ　ソワカ

開山　行基菩薩

宗派　真言宗大覚寺派

住 〒761-8015
香川県高松市香西西町211

☎ 087-881-2337

宿 なし

駐 普通車50台。バスは寺院入り口付近の市道に駐車可

アクセス
高松自動車道「高松檀紙IC」から約20分。または高松自動車道「高松西IC」から約20分

第二十番

札所

大瀧寺

おおたきじ

大瀧岳で真言を唱える空海。連日に及んだため髪も髭もひどく伸びている

大瀧寺の空海伝説「摩訶不思議なガマガエルとの出合い」

大瀧寺は、奈良時代の神亀3（726）年、行基が香川県の塩江《しおのえ》という土地から大滝山に登り、阿弥陀三尊《あみださんぞん》を安置したことに始まるそうだ。

その後、空海が青年期に「阿国大瀧嶽《おくにたいりゅうのたけ》に登り求聞持法《ぐもんじほう》を修した」ということは、自著『三教指帰』に書かれている。

この大瀧嶽とは、ここ大瀧山とも、阿南市《あなんし》にある太龍寺《たいりゅうじ》（舎心嶽《しゃしんがたけ》）とも言われている。

空海が次に当寺を訪れたのは弘仁6（815）年のこと。唐から戻って42歳になり、この地で国家安泰と厄災消除、五穀豊穣をお祈りされた。すると不思議なことに、白髪の翁《おきな》（老人）が急に現れ「私はあなたの遠祖《えんそ》（かなり前の先祖）で、神様である天忍日命《あめのおしひのみこと》の使いの西照大権現《にしてるだいごんげん》である」と言った。

空海が「その天忍日命がおられた場所はどこにあるのですか？」と尋ねたところ、翁は「ここだ」と古い塚を教え、いきなり年老いたガマガエルに変身し、そのまま塚に入って身を隠してしまった。とっても謎に満ちた逸話だ。

その後、空海は塚のあった場所に草庵を建てて霊を祀り、名を大瀧寺と改め、西照大権現を祀った。以降、この地には神道と仏教、両方の修行者が集まるようになり、厳しい修行を行い悟りを得る山岳道場となったという。

本堂

大瀧寺は、徳島県美馬市《みまし》と香川県高松市の境にある大滝山（標高946m）の山頂近く、標高910mの場所にある。四国八十八ヶ所と別格霊山、計百八ヶ所の中で最も高所に位置し、とても眺めがいい。車で行く場合は、夏子《なつご》ダムの前を左へ入るが、この夏子ダムの「夏子」は人の名前ではなく地名の「なつご」が由来だそう。

江戸時代には徳島藩の家老・稲田氏の祈願所となった他、高松藩からも崇敬を集め、西照大権現堂、龍王堂、護摩堂、観音堂、不動堂、弘法大師御影堂、鐘楼堂などたくさんのお堂があったが、その後、火

満願証
殿
四国別格二十霊場
巡礼の旅成満
此処に証します
令和　年　月　日
四国別格霊場第二十番
四国八十八ヶ所総奥之院
準別格本山
大瀧寺

満願証

阿弥陀像

災で失われてしまった。

さらに明治初期になると、神仏分離令によって大瀧寺と西照神社《にしてるじんじゃ》に分けられた。

現在の大瀧寺は、西照神社と隣接し、境内には本堂と大師堂（納経所と庫裡を兼ねる）と鐘楼がある。トイレは納経所で鍵を借りて使用できるが、12月から3月までは凍るために使用できない。

本堂の一番奥に西照権現が祀られ、その前に阿弥陀三尊、さらに前に護摩壇がある。扉が閉まって中は見えないが、お堂の外からでも、空海が祀ったという西照権現を拝むことができる。

ここは別格二十霊場の結願所であり、四国八十八ヶ所の総奥之院。お願いすれば有料の満願書を授与していただける（他の札所でも授与は可能）。二十霊場全てを巡拝し満願できた喜びは大きい。

本尊・西照大権現の霊木御影

石像

以前、四国八十八ヶ所を巡ったこともあるので、これで合計百八の札所を巡ることができた！　一時は「これで煩悩が消滅したような気分♪」と思っていたが、私の煩悩はなかなかしぶといようで、帰り道に、さっそく四国グルメをたらふく食べてしまった。だけど、四国別格二十霊場を巡ることで、長年のスーパーヒーロー・空海の伝説に直に触れられたのはたしか。私はこれで十分満足だ。

御朱印

境内図

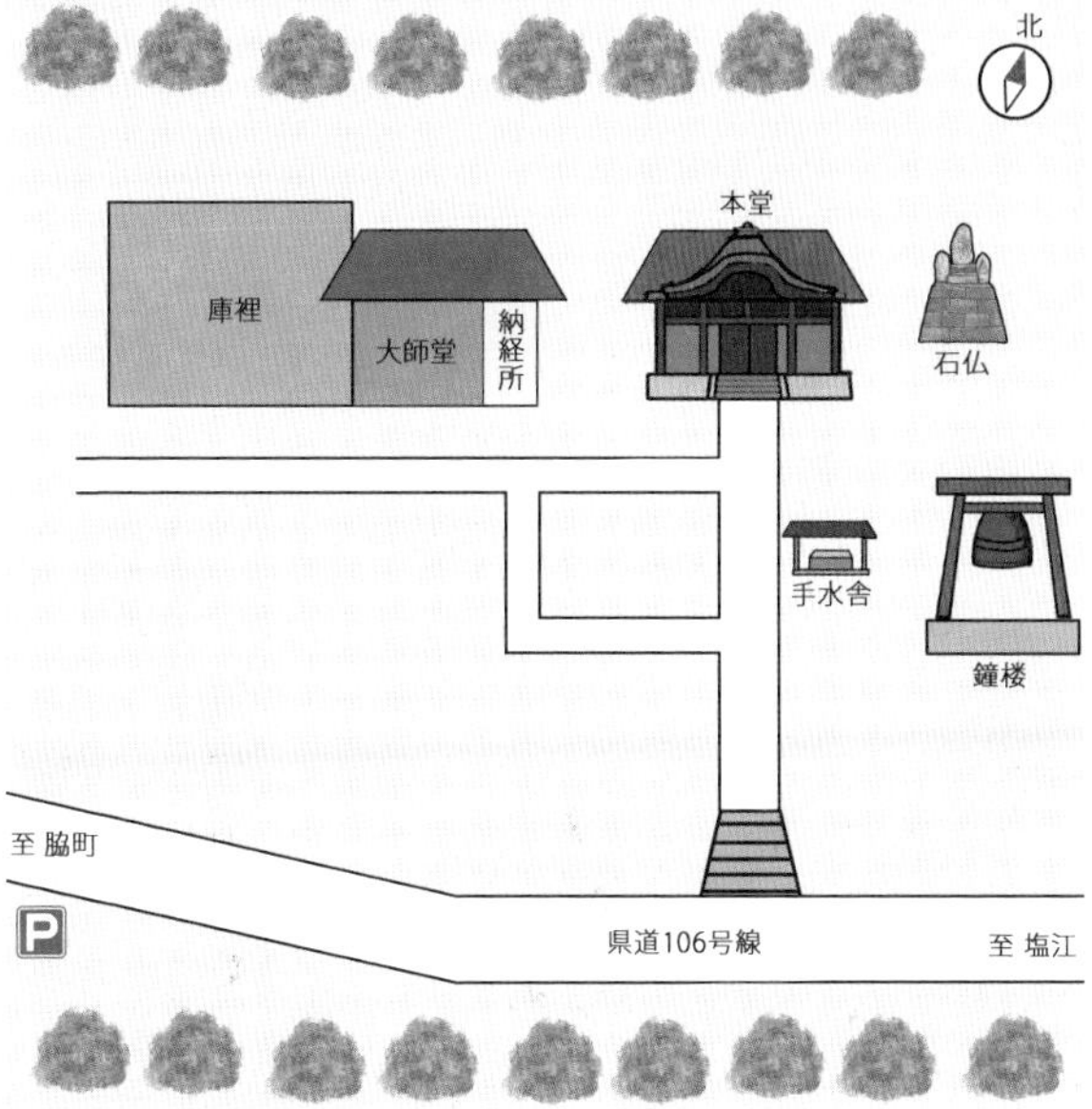

御詠歌

霊峰の
岩間にひらく
法の道
厄をながして
衆生ぞすくわる

阿讃山脈の高く美しい山で、弘法大師は西照大権現様に、五穀豊穣、萬民安楽、厄除けを祈願し、善男善女をお救いになられた

本尊　西照大権現
真言　南無西照大権現
開山　行基菩薩
宗派　真言宗御室派
準別格本山

住 〒779-3638
徳島県美馬市脇町字西大谷674

☎ 0883-53-7910

宿 なし

駐 普通車15台駐車可

アクセス
徳島自動車道「脇町IC」から国道193号夏子ダム前経由で約45分

お礼参り

高野山 金剛峯寺

こうやさんこんごうぶじ

御詠歌

ありがたや
たかののやまの
いわかげに
だいしはいまだ
おわしますなる

ああ ありがたい
高野山の奥之院の岩陰
に弘法大師がいまだお
られて
私達を見守りお救いく
ださっている

本尊 薬師如来

開基 空海

宗派 高野山真言宗総本山

住 〒648-0211
和歌山県伊都郡高野町高野山132

☎ 0736-56-2011

アクセス
京奈和自動車道「かつらぎ西IC」から約50分。もしくは京奈和自動車道「紀北かつらぎIC」から約40分

高野山真言宗の総本山

空海が、唐で密教を学び帰国する時、「私が受け継いだ教えを広めるのにふさわしい地を示したまえ」との願いを込めて、密教法具の一つである三鈷杵《さんこしょ》を出航する港から東の空に向けて投げた。

日本に帰国後、空海が修禅道場にふさわしい地を探す旅に出ると、白と黒の2匹の犬を連れた猟師（狩場《かりば》明神《みょうじん》＝高野山の地主神）に出会い、「良い場所があるので案内しましょう」と言うので、2匹の犬に先導されながらついていくと、高野山にたどり着いた。

空海は、自分が投げた三鈷杵が松にかかっているのを見つけ、この地が真言密教にふさわしい地と確信したそう。山の神である丹生都比売《にうつひめ》からも「この山をそっくりあなたに差し上げましょう」と告げられたため、修行の場として高野山を賜るべく、京の都に戻り、桓武天皇の皇子である嵯峨天皇に願い出て土地を譲り受けた。そこで空海は、高野山にまず守護神として狩場明神と丹生都比売の神を祀り、それからお寺のお堂を建てたという。以来、空海は今も高野山の地で真言密教の教えと伝統を伝えている。

なお四国八十八ヶ所霊場のお礼参りは、空海が今も生きているとされる奥之院だが、四国別格二十霊場のお礼参りは高野山金剛峯寺なので、お間違いなく。

お礼参り

東寺（教《きょう》王《おう》護《ご》国《こく》寺《じ》）

とうじ

本尊　薬師如来

宗派　東寺真言宗

御詠歌

くうかいの
こころのうちに
さくはなは
みだよりほかに
しるひとぞなき

空海の
心の中に咲く花は
阿弥陀如来より
他に知る人は
誰もいない

住 〒601-8473
京都府京都市南区九条町1

☎ 075-691-3325

アクセス
名神高速道路「京都南IC」から約10分

東寺真言宗の総本山

延暦13（794）年、桓武天皇が奈良の平城京から京都の平安京へ遷都。東寺はその2年後の延暦15（796）年に、平安京の正門である羅城門《らじょうもん》の東に、国家鎮護を目的とした国立のお寺として建立が始められた。その約30年後の弘仁14（823）年になると、嵯峨天皇は、唐で新たな密教を学んで帰国した空海に東寺を託し、名も教王護国寺《きょうおうごこくじ》とし真言宗の根本道場にした。

空海は、まず密教を伝えるための講堂の建立から始めたそう。建物の中は、通常なら絵画で表現される曼荼羅《まんだら》をよりわかりやくするために、立体曼荼羅を考案。密教の主尊である大日如来像を中心に21体の仏像を並べて表現した。

続いて着手した五重塔には、空海が唐より持ち帰ったお釈迦様の骨である仏舎利《ぶっしゃり》が納められている。

五重塔は何度か焼け、現在の塔は寛永21（1644）年に徳川家光の寄進により再建された。総高約55mで木造建築物として日本一の高さを誇る。

現在も、仏教寺院で唯一残る平安京の遺構として往時の姿を伝えている。

おわりに

今回、妹とレンタカーで巡った四国別格二十霊場。当初、車で約4日で巡れると言われたが、余裕をもって5日で巡ることにした。結局、全然余裕はなかったが、なんとか5日で巡り終えた。妹は免許を持っていないので、運転するのは私一人。その私も、普段は家の近くを運転する程度で長距離や高速道路、知らない道を走るのは慣れていない。いや、ハッキリ言って、運転は苦手である。

しかも、お寺の多くは山の上に建っていて、たどり着くには細いくねくねした山道を通って行かなければいけないところがたくさんある。枯れ木や石が落ちていることもあるし、山の細道は本当に細く、車がすれ違えないどころか、ガードレールがないところもあり、崖から転落しないかヒヤヒヤした。車で参拝される際は、大きな車は避け小回りが効く軽自動車で行かれることをおすすめする。また車で行っても、三番札所の慈眼寺、七番札所の出石寺、十番札所の西山興隆寺、十三番札所の仙龍寺、十五番札所の箸蔵寺などは階段を登る必要があり、なかなかハードだった。

でも町の中や山の中、空海が改修工事した満濃池のほとりのお寺など、バラエティに富んだお寺を訪れることができた。ここまで読んでくださった皆様には十分伝わっていると思うが、四国別格二十霊場にはたくさんの魅力がある。各寺に空海伝説が残されているのは、その一番の魅力だろう。私は実際に現場に立ち、空海の伝説を目の当たりにすることで「ここに空海がいたんだな」と空想に浸ることができ、今まで以上にその存在を身近に感じることができた。四国には、空海がいた頃とあまり変わらないであろう自然が多く残っていて、その風景を眺めると、時空を超えて空海のおられた時代に繋がれる気がした。この本を読み、この感覚を少しでも感じていただければ幸いである。

最後に、本を出すに当たり四国別格二十霊場会のみなさんには大変お世話になった。本当にありがたく思う。また、この本を手に取ってくださった皆様にも心から感謝している。ぜひ、本を片手に四国別格二十霊場を巡ってみてほしい。

2023年春　　田中ひろみ

田中ひろみ

イラストレーター＆文筆家。奈良市観光大使。女子の仏教レジャーサークル「丸の内はんにゃ会」代表。カルチャーセンター講師。仏像ツアー同行講師。テレビ出演や講演も多数。著書は『ふらりおへんろ旅』『拝んでしあわせ奈良の仏像100』など約70冊。

四国遍路 別格二十霊場
空海伝説の地を旅する

2023年3月7日　初版第一刷発行

著　者　田中ひろみ

発行者　内山正之

発行者　株式会社西日本出版社

〒564-0044　大阪府吹田市南金田1-8-25-402

〔営業・受注センター〕
〒564-0044　大阪府吹田市南金田1-11-11-202
TEL：06-6338-3078
FAX：06-6310-7057
郵便振替口座番号　00980-4-181121
http://www.jimotonohon.com/

編　集　竹田亮子

装　丁　文図案室

印刷・製本　株式会社光邦

ISBN978-4-908443-74-9